孩子，
我永远挺你

旷智勇 著

浙江教育出版社·杭州

图书在版编目（CIP）数据

孩子，我永远挺你 / 旷智勇著. -- 杭州：浙江教育出版社, 2025.4. -- ISBN 978-7-5722-9587-4（2025.5 重印）

Ⅰ．G78

中国国家版本馆 CIP 数据核字第 20256DH127 号

孩子，我永远挺你
HAIZI, WO YONGYUAN TING NI

旷智勇　著

责任编辑：赵露丹
美术编辑：韩　波
责任校对：马立改
责任印务：时小娟
产品经理：张睿珺
特约编辑：陈阿孟
出　　版：浙江教育出版社
　　　　　杭州市环城北路 177 号　电话：0571-88900883
印　　刷：嘉业印刷（天津）有限公司
开　　本：800mm×1030mm　1/32
成品尺寸：145mm×210mm
印　　张：8.75
字　　数：122 千
版　　次：2025 年 4 月第 1 版
印　　次：2025 年 5 月第 2 次印刷
标准书号：ISBN 978-7-5722-9587-4
定　　价：58.00 元

如发现印装质量问题，影响阅读，请联系 010-82069336。

推荐语

《孩子,我永远挺你》是一本探讨亲子关系的精品。它不仅提供了丰富的育儿策略,也为父母理解孩子的内心世界,共情孩子的内心感受提供了有效方法。在书中,旷智勇老师以深刻的洞察力和实践经验,帮助父母认识到每个孩子都是独一无二的,而唯有全心地接纳孩子,孩子的自我价值感才能得到最大发挥。这本书是写给每位父母的育儿宝典,值得大家认真阅读。

——**岳晓东**　哈佛大学心理学博士　首都师范大学特聘教授

很高兴看到一位既懂孩子,也懂父母,还能帮助父母懂得孩子的老师出了新书。书中探讨了很多家庭常见的亲子问题，比如孩子撒谎、沉迷手机、爱哭、乱发脾气、躺平、不自律、被霸凌等，并给予解决问题的出路。旷老师就如何养出内心强大、有生命能力的孩子以及如何重建与孩子的亲密关系给予具体的引导和方法，这本好书，值得你我都读一读。作为父母，我们要接纳孩子的不完美，允许孩子做自己，允许孩子闪闪发光，也要允许自己犯错，看见自己，好好爱自己。

——**海蓝博士** 畅销书《不完美，才美》系列图书、《接纳孩子的不完美》作者

旷智勇老师的新书，如一道温柔的光，照亮父母与孩子共度的成长之路。书中没有刻板的教条，而是以深沉的觉知与慈悲，引领父母向内探索——唯有疗愈内在孩童的伤痕，才能打破原生家庭的轮回，为孩子织就温暖的原生家庭。

——**张德芬** 个人成长作家

父母该如何养孩子？旷老师给出的答案是：孩子，我永远

挺你。书名直接,而书中的内容层次非常丰富,有极好的理念,有触动人心的故事,有旷老师自己养育孩子的真切经验,也有优美的古今中外的诗句与哲言……这一切因素综合在一起,让这本书可读性很高,仅仅阅读这样的书已经有一份愉悦了。

这本书的内容也非常实用,涉及各种各样养育孩子时会遇到的具体问题。不过,书中并没有那种板起面孔的老师面具,而是始终贯彻着一种根本精神——为人父母,最宝贵的是呵护孩子的心,看见孩子的真实,而要做到这一点,父母首先要看见自己。

总之,这不仅是一本可以帮助父母养育好孩子的书,也是一本有很好的阅读体验的心理学读物,非常值得推荐。

——**武志红** 知名心理学者

推荐序

初识旷智勇老师是在 2008 年,当时我们虽然同是许老师的学生,但我是"小白",而旷老师已经是我们当中的一颗耀眼的星星,是我们的师兄。

他常常戴着藤编礼帽,穿着白色的上衣,温文尔雅,但一开口,却有语不惊人死不休的感觉。他对自己毫不掩饰,对他人温暖有边界,说着犀利且幽默的话语,就像现在你们经常在视频里看到的样子。那时候我就想,这是一个活出自己的人,我也要像他那样。

有些人只是活出自己,却成了别人眼里的光,激励着他人也去活出自己，成为自己的光，旷老师就是这样的人。当我听到他找到儿子的老师，争取孩子作业自由的事情时，我觉得原来可以这样无条件支持孩子；当我听到他因为女儿的某个身体状况，而在自己的夫妻关系上做功课时，我觉得，有觉悟的父母会勇敢面对自身的问题，不会把问题推给孩子。看着他与儿子女儿的相处，我常常觉得人间温暖。

后来，我们成了好朋友，他在我这里的称呼从旷老师变成老旷。老旷从没停止在专业上的深入，不论是国内还是国外，几乎所有完形心理学的课程他都去了解和学习。在探索自己上，他从未停止自己的脚步，不会因为已经是老师，就停止自我成长。甚至一度因为身体的原因，他深入学习道家养生，常年住在深山里。老旷就是这样，从不蜻蜓点水，而是孜孜不倦，深入生命。

他睿智却不严肃，大家也许发现了，他像个大男孩，少年感十足。他对一切充满好奇，喜欢玩乐，有一次我们一起玩狼人杀游戏，他因为被我这个"杀手"骗过了，当场气得一副要跟我绝交的样子。

也许因为这样，所以，他和孩子们靠得很近，所以，他能深深地同理当下的青少年，经常为当下的青少年发出呼吁。

所以，他说：孩子，我永远挺你。我知道，这是他的心声，是他对孩子们深深的爱。

他不但挺孩子，他也一直在做支持父母们的事情，过去这么多年，他提倡中国式新父母，呼吁父母们通过养育孩子，进行自我探索和成长。他在父母们最难处理的情绪问题上，提供实实在在的支持，帮助了非常多的父母，很多人因为他的课程获得重生，学会如何养育孩子。

现在，他为父母们写了这本书，让更多的父母有机会了解到这些养育观。在这本书里，他会告诉你：养好一个孩子，父母要做哪些功课；如何重建你与孩子的关系；如何看清孩子"坏"行为背后的需求；如何帮孩子走出内心困境；如何教孩子拒绝霸凌和讨好；如何养出内心强大的孩子。

这些都是当下父母们感到困扰的主题，推荐大家阅读这本书。相信读者可以在这本书里受到启发，感到触动，然后，重新思考和调整自己的养育观，同时，发展出自己的稳定内核，与孩子共成长，享受这一互渡的生命旅程。

安心

P.E.T. 父母效能训练课程资深督导

畅销书《在远远的背后带领》作者

目录

写在前面 _001

你和孩子是来互渡的

第 1 部分　养好一个孩子，父母要做哪些功课

1　今天父母面临的难题　_010

2　今天孩子面临的难题　_015

3　何为父母的觉知　_019

4　父母改变觉知，养育才真正开始　_024

5　高水平的父母会接纳每一种情绪　_028

6　原生家庭藏着我们的人生剧本　_033

7　给孩子最好的原生家庭　_038

8　你是怎样的父母，就会给孩子怎样的命运　_042

第 2 部分　重建你与孩子的关系

1　爱比是非责任更重要　_048

2　如何快速拉近亲子关系　_052

3　让孩子愿意听你说话　_054

4　化解冲突的秘诀，是接住孩子的情绪　_058

5　用"通信"的方式，放下彼此的防备　_061

6　勇于和孩子说"我不知道"　_065

7　你不经意的评判，会毁掉孩子　_067

8　善意提醒可能会伤到孩子　_070

9　做不扫兴的父母，爱孩子如其所是　_073

10　孝顺不是被教出来的　_077

11　给孩子五种自由，关系如获新生　_080

12　爱可以亲密，但不能无界　_087

第 3 部分　看清孩子"坏"行为背后的需求

1　如何有效给孩子立规矩　_092

2　孩子爱发脾气，需要管教吗　_095

3　孩子爱哭怎么办　_098

4　孩子爱撒谎怎么办　_102

5　"熊孩子"如何养育　_106

6　孩子叛逆，是没有被赋予长大的权利　_110

7　孩子不爱收拾怎么办　_114

8　孩子沉迷手机，真的那么可怕吗　_118

9　你眼中孩子的错未必是错　_122

第4部分　帮孩子走出内心困境

1　孩子胆小、敏感怎么办　_126
2　总和孩子说"不要怕",后果很严重　_129
3　孩子抑郁、自残的心理根源是什么　_133
4　效率崇拜,对孩子的伤害有多深　_136
5　孩子很焦虑,怎么办　_140
6　孩子"躺平"了,该如何应对　_145
7　警惕孩子被"太自律"反噬　_149
8　提高孩子的自驱力,需要"润滑剂"　_153
9　三点原则,让孩子对"专注"上瘾　_157
10　孩子对学习感到痛苦,是"破碎"的前兆　_162
11　父母要接纳孩子的不完美　_168
12　把生命的自主权还给孩子　_172

第5部分 教孩子拒绝霸凌和讨好

1 什么样的孩子更容易被霸凌　_176

2 孩子被霸凌了，父母该怎么做　_179

3 当你的孩子被老师霸凌　_184

4 "听话"是对孩子的诅咒　_187

5 孩子应该结交什么样的朋友　_190

6 帮孩子正确面对社交冲突　_193

7 帮孩子铺就生命柔软的底色　_197

8 如何培养孩子的同理心　_200

第6部分 养出心理能量高的孩子

1　内心强大的孩子是什么样的　_206
2　情绪流畅的孩子，能量更足　_211
3　帮孩子走出负面情绪的前提是认同他　_214
4　刻意的挫折教育不可取　_217
5　男孩女孩都要富养　_221
6　比物质富养更重要的是精神富养　_225
7　学校里不教的课，请给孩子补上　_229
8　如何养育高情商的孩子　_233
9　面向未来的孩子，都拥有这三种能力　_237
10　气质无法改变，但性格可以塑造　_241
11　教育的目的，是让孩子活出自己　_246

附录 1　让亲子关系变好的 28 个锦囊　_251
附录 2　父母自我成长的 28 个锦囊　_254
后记　你是靠得住的父母吗　_259

写在前面
你和孩子是来互渡的

想要养好孩子,父母请先在自己身上下功夫

现在的孩子真的很苦,而这苦的根源,往往是那些口口声声说最爱他们的人——他们的父母造成的。

世人都说父母是孩子的第一任老师,教育者必先受教育。然而在当今社会,几乎所有行业都需要通过学习和考试来获得从业资格,唯独为人父母这么重要的角色,却不需要接受任何的学习教育,也不需要什么证书,只要生下孩子就能自动上岗。大家按照当年父母管教自己的方法来管教孩子,亦

步亦趋、照抄照搬，全然不顾时代的变化和个体的差异。

新时代的中国已全面建成小康社会，人们的物质需求与精神需求都发生了翻天覆地的变化。然而，父母们还是继续沿用老一套的方式方法来管教孩子，势必会造成一系列严重的冲突与混乱，这是近年来国内青少年各类心理问题高发的主要原因。

孩子们正以父母认为的各种叛逆行为和心理问题——"躺平"、不读书、顶嘴、作息日夜颠倒、游戏上瘾，甚至忧郁、焦虑、双向情感障碍——来表达他们的不满和抗议。这也是在向父母们发出信号：**是时候开始向内探索，重新审视自己和自己的教育方式了。**

从这个角度来说，你的孩子就是来渡你的，你愿意接受他的"渡"吗？"波罗蜜"在佛家的说法里意味着到彼岸的智慧，孩子就像是来引导父母的"大菩萨"，带领父母走向更高层次的理解和成长。**他想渡你到彼岸，给你波罗蜜，你要不要？**

作为父母，我们确实给了孩子很多爱，那么我们是否愿意接受这种引导，是否愿意为了更好地理解和支持孩子再做一次努力？**感恩孩子，然后在自己身上下功夫，相信自己的改善可以影响孩子，相信自己有能力重新打开孩子的心门，建立良好的亲子关系。**这样的改变，首先得益的其实是父母，孩子只是顺便得到了。

很多父母，看到孩子出了状况，最先想到的是怎么纠正孩子的问题，为此求助专家，习得一些方法，想快点解决问题。看似把表面的矛盾解决了，但这只是治标不治本，**自己的教养方式、自己的内心并没有发生改变，问题还是会反复出现。养育孩子，一定是父母的成长在先。**如果父母连自己都不了解，凭什么去了解一个孩子？父母首先需要平复自己原生家庭的伤痛、学会与自己相处、拥有健康的身心，然后才能帮助孩子健康成长。

禾苗长歪了，是禾苗的问题吗？不是，是种田的人的问题。种田的人没有科学的方法、心态和技巧，急于求成，想要禾苗迅速地成长、开花、结果，才会把禾苗搞出问题来。

父母在孩子小的时候要承担起几乎所有的责任,不能把问题推给孩子,也不能指望别人来解决。

真正要学习的,真正要成长的,是父母。一个孩子刚出生时,就像一张白纸,哪有这么多问题?但随着时间一天天过去,这张白纸可能就被各种问题给弄花了。到头来,父母还怪白纸有问题,想要找专家擦干净。但原来那个乱涂乱画的方法一直没改变,问题还是会一茬接一茬地冒出来。

就像种稻子,即使找了个专家,得到了正确的种植方法,科学地照料了禾苗5天,但接下来的360天,如果还是用原来的方式照料,结果可想而知。

怎样才算是好的父母

佛陀在2500多年前说过,学习包括闻、思、修三个过程。闻是听闻,用耳朵听,用眼睛看,来获取知识;思是思辨,考量这些知识是不是符合自己的实际情况，再确定要不要学习；修是实践，将知识转化为行动，再内化为自己独有的经验。如果确定要学，那修行就至关重要。如果仅仅停留在闻和思的阶段，而没有实际修行，就相当于知道了一大堆游泳理论却从未下过水，理论上甚至可以教别人怎么游泳，可是某一天不小心掉到水里，还是会呛水，甚至可能会被淹死。

教育孩子的过程，就像学习游泳，需要下水实践。很多爸爸妈妈不愿意投入时间去实践情绪功课、身体功课、沟通方法，只想直接从某个老师那里拿到一个答案。但别人的知识和能力，不是自己的，就像游泳技能，得亲身实践才能掌握。

好父母，不在于有多高的认知，或给孩子留下多少财富，而是情绪稳定，并有觉知地活在这个世界上。好父母不是天生的，而是可以通过后天的修炼和成长来实现的。父母和孩子其实是来互渡的。互渡的前提是，父母要成为有觉知的引导者，这样才会生出提升的动力。父母会透过孩子的状况、和孩子相处的状态，看到自己身上的问题，然后找到科学的方法提升自己，再去协助孩子成长。

借着这一份因缘，借着这一份关系里的喜怒哀惧、悲欢离合，互相促进、彼此成长，这才是所有关系真正的价值所在。

　　教育孩子的过程，其实也是父母进行自我教育和自我成长的过程。它漫长而复杂，需要父母的耐心、智慧和不懈努力。但只要父母愿意学习和成长，愿意与孩子一起面对挑战，就能找到最适合自己家庭的教育理念和方法，培养出健康、快乐、能独立处事、活出生命内在动力的孩子。

这本书，如何帮助父母做好父母

　　很多父母想要通过上速成班的方式，学一些育儿技巧，然后快速纠正孩子的问题。这在我看来，是一种妄念。

　　孩童，是极具灵性的，只有当你真正走入他的内心世界，与之建立深厚的同盟关系之后，他才有可能向你敞开心扉，做出改变。孩子身上出现的种种问题、顽疾，都是因为你与他的连接断开了。

所以，这本书首先要做的，是帮各位父母调整认知，带大家跳脱出"卷到极致"的教养环境，看清我们养育孩子的终极目标究竟是什么，为何觉察力、情绪感知能力是父母角色所必备的能力，原生家庭、内在孩童、幼年决断对你自身和养好孩子这件事有多重要。

当你回归理性，认清自身需要做的功课之后，就能够带着一份觉知，去重塑亲子关系。我会带着你一一看清，在你过往与孩子的关系中，有哪些是你未经觉察时，以为对孩子好，实则却是在伤害孩子的惯性行为？如果你现下与孩子的关系是不够亲密的，甚至是紧张、对立的，哪些认知和行为的转变，会让你重新成为孩子最信任的伙伴？你会发现，随着亲子关系的改善，孩子曾经那些令你头疼不已的"问题"，自会消失大半。

当然，就算你已经是有觉知的父母，你和孩子之间的关系也不错，可人作为社会化、情绪化的产物，总归会有脱轨的时候，那些让父母如临大敌的孩子身上的问题——叛逆、沉迷手机、高敏感、躺平、抑郁、遭受霸凌……怎么应对？我会在后面的内容中，详细拆解孩子成长路上遇到的各种高频问题，以及背后的根源和解法是什么。

也许读到最后，你会明白，孩子身上的"问题"，都不能被消灭，只能被疏导。就像流水一样，偶尔决堤，你去堵，看似解决了问题，实则是那些不好的能量被积蓄到了更深处，总有一天会更猛烈地爆发。而智慧的做法，是引导这些能量、情绪以合理的方式释放，流水自会清澈如许，滔滔不绝。

祝愿每位翻开此书的父母，都能不负此行，和孩子一起，开启一段全然不同的崭新人生。

第 **1** 部分

———

养好一个孩子，
父母要做哪些功课

1

今天父母面临的难题

如果用一个字来形容当下的养育环境，那就是"卷"。

我时常感叹，这届父母，真的太难了。

作为 70 后，我的父辈，他们的养育职责，就是给孩子提供生活方面的庇护，供养他们上完学。至于孩子能有多大成就，更多要等他们步入社会后，凭各自的本事去闯荡。

再看 80 后、90 后这代父母，物质基础和上一辈相比，已经大有提升，养育一个孩子，是不是变得更轻松了呢？并没有。

今天摆在父母面前的有两道难题：既要重建物质，又要

重建心灵。

物质条件虽然不差,给孩子提供好的衣食绰绰有余,可是加上报辅导班、兴趣班,甚至夏令营、出国留学班的钱,就捉襟见肘了,于是父母也不敢停下来,拼命地工作。我见过很多宁可掏空 6 个钱包(夫妻二人加双方父母),也不愿停下给孩子疯狂报班的父母。

然而这样被托举的孩子,真的活得更幸福吗?答案依然是,并没有。

孩子们在如此高压的环境下,被逼得焦虑、窒息,各种心理隐患,随时都在等待爆发。越来越多的孩子从厌学走向失学,再到走进医院的精神病科。当类似报道层出不穷,身边的案例也逐渐显露后,家长们又一次陷入集体焦虑:孩子的心生病了,要怎么才能拯救一个个受伤的心灵?

目前整个社会都处在巨大的恐惧旋涡中,人人都难独善其身。作为父母,不跟随主流,会害怕孩子将来无法安身立命;跟随主流"鸡娃",又担心孩子会抑郁。但我一定要和父母们说，做一个不被主流裹挟的家长，是我们此生能送给孩子最好的礼物。当你能活出自己时，你的孩子也一定能活出他自己。

现在大多数的家长都是带着恐惧，小心翼翼地把孩子往独木桥上赶。可是独木桥上这么多人，你怎么知道你的孩子不是掉进水里的那一个？所以最好的办法是，不走独木桥，另辟蹊径，不被社会主流裹挟，不受"名校高才生"等标签的诱惑，把你内心的恐惧放下，相信你的孩子不走这条传统的路，不当传统意义上的"学霸"，一样可以把人生过得很好。

不被主流裹挟，不是说对孩子放任不管。

首先，家长要有觉知和定力，以及控制情绪的能力。不要给自己太大压力，父母压力太大，孩子是一定能感受到的。他会觉得对不起你，想要弥补你，这反过来会给孩子带来很大压力。

其次，教育是关乎人性的，这是最基础的认知。只有极少数的家长，在孩子还很小的时候，就开始有意识地尊重孩子的需求、觉察孩子的情绪、聆听孩子内心的声音，等孩子上学接受集体教育后，也充分尊重孩子个性的发展，支持他在自己擅长的领域走得更远、更广。这是对孩子的尊重，也是对人性的尊重。

最后，我们的家庭教育应该紧跟时代，一味地让孩子学习知识不再重要，人工智能已经能够解答我们绝大多数的问题，我们再不做大的调整，让填鸭式教育继续下去的话，相当于当年义和团用红缨枪、用肉身去应对别人的枪炮。

我们现在的教育，还把绝大部分的精力用在知识的灌输上，但孩子将来在社会中安身立命，对他们来说更重要的是应变能力和创造能力，而这些能力的根本就是智慧。所以知识如果不能转化成智慧，其价值就是有限的。此外，家长要带给孩子的还有他的身心健康，让他有能力拥有清晰的逻辑和认知，这些才是孩子面对未来人生挑战时真正的底气。

教育整体的环境暂时无法改变，作为父母，就要率先觉醒，为自己的孩子营造一个真正能够面向未来的成长环境。

各位必须意识到,你们与 10 年前的父母,面临的养育环境已经全然不同,必须跳出旧的思维惯性,跳出当下的"集体无意识",应对新的状况,做出新的选择,走上完全不同的、崭新的养育之路,这样你和你的孩子才有机会开启全然不同的崭新人生。

2

今天孩子面临的难题

在当前的教育环境下，好成绩是衡量"好孩子"最重要甚至唯一的标准。

很多父母还抱有这样的念头：只要把课堂、书本的知识学扎实了，在每门考试中都能取得好成绩，这个孩子就是个好学生，等他长大进入社会后，就一定能够有所成就，一定能够成功。

不可置否，这是传统教育中对一个孩子的美好期待，却早已与现实脱轨。

我国成立初期，曾在全国范围内兴起过扫盲运动。那个时候，大多数人大字不识，更遑论接受高等教育了。一个人识字越多，懂的知识越多，就越有可能获得一份好工作。换句话说，就是谁拥有知识、才华，谁就握住了自己的命运。

而在互联网兴起之前，人们获得知识的途径也很单一，传递知识的方式也非常低效，接受学校教育、在考试中得高分，通过高考改变命运，依然是大多数人向上走的途径。

而我们现在处于一个信息爆炸的时代，短短二三十年间，互联网的发展改变了整个人类社会的面貌。现在随便打开手机、电脑，你就可以获得全世界关于政治、经济、文化等方面的各种资讯。这两年开始出现在大众面前的ChatGPT(一款由人工智能技术驱动的自然语言处理工具)，能够解答人类提出的几乎所有问题，甚至还可以画画、做PPT、写书稿。这款人工智能软件的出现，给不少行业带来了不可小觑的威胁。

在如此的科技发展大趋势下，我们再把学习定性为"获取知识"的话，就是非常片面的。**我们的孩子，除了学习基础的知识外，必须学会转识成智，也就是说把知识、见识、**

认知转化成自己的智慧。智慧和一般的知识的最大不同是，智慧能帮助人透过表象看清真相，拥有智慧的孩子会有更强的应变能力和创造能力。

除了要转变"学习要学什么"的观念以外，我们还要思考，"成功、成就"的定义究竟是什么。古代科举是为了选拔官吏，读书便是为了入仕。现在很多人学习，不一定是为了当官，但方向还是基本一致的，为了成功，为了出人头地。

《礼记·大学之道》里写道："古之欲明明德于天下者，先治其国；欲治其国者，先齐其家；欲齐其家者，先修其身。"也就是说，一个人要能够治理天下，首先要能够带领好一个团队，而要能够带领好一个团队，至少要能够管理好一个家，因为家是社会上最小的团体。而想要管好一个家，首先得管好一个人，这个人是谁？就是我们自己。要修炼好自己的身心。

所以，一个人要有大的抱负，必须从修炼自身入手。**修炼自身才是人生的必修课，而挣大钱、出人头地却不是必须的。**

有的人一生平平淡淡，有吃有穿，有一间小房子住着，耕耘着自己的一亩三分地，一样可以把自己的人生过得很精彩。

认出自己生命本来的样子，培养出独立人格，身心健康，有丰沛的思想和情感，继而确立人生目标，这才是孩子原本该走的路。可我们现在的养育，在高压之下，早已扭曲变形，"考高分"成为孩子唯一的目标，"卷学习"成为孩子唯一能走的路，于是越来越多的孩子，知识吸收了一大堆，内心却空洞异常。

怎么让孩子回归本性，找回生命原本的平和喜悦？必然要从养育者的觉醒开始。

3

何为父母的觉知

德国著名心理治疗师伯特·海灵格写过一首诗《看见》:

当你注意一个人的行为,你没有看见他;
当你关注一个人行为背后的意图,你开始看见他;
当你关心一个人的意图背后的需要和感受,你看见他了。
透过你的心看见另一颗心,
这是一个生命看见另一个生命,
也是生命与生命相遇了,
爱就发生了。

爱就会开始在心间流动，
喜悦而动人。
这就是因为吸引而幸福。

当你只关注自己的行为时，你就没有看见自己；
当你开始关注自己行为背后的意图时，你就开始看自己了；
当你关心自己意图背后的需要和感受时，你才真正地看见自己了。

透过内心看见了自己的心灵真相，
这就是你的生命和心灵相遇了，
爱自己就发生了。
爱开始在自己身上流动，
你整个人就变得和谐而宁静，
这就是真爱的发生。

由此可以看出，在人际关系中，一个人的觉知分为两个部分：一个是对内的觉知，也就是觉察自身的感受和需求；一个是对外的觉知，也就是觉察他人的感受和需求。在亲子关系中，父母的觉知就是既要觉察自己的情绪、感受和需求，又要觉察孩子的。**只有看见自己的同时也看见孩子，亲子关系才能和谐稳固，孩子才能感受到爱和喜悦，二者缺一不可。**

曾有一位科学家去美洲考察，找了一名当地的印第安人做向导。他发现，这个印第安人每走一段路就会停下来休息一会儿，比一般人的休息频率要高很多。科学家很惊讶，他便问，明明他们没走多远，也不累，为什么要休息呢？向导回答："我发现我的身体和头脑走得很快，但是我的灵魂还没有跟上，我要等一等我的灵魂，让它跟上来。"

现代社会的生活、工作节奏都很快，很多时候，我们的头脑运转得特别快，但是身体、情感却跟不上，很多人对此毫无察觉，只会一味拼命地往前冲，直至筋疲力尽。就像在高速公路上开车，一直保持很高的速度在往前开的时候，其实旁边的风景你是看不见的，唯有慢下来，或者偶尔找个地方停一停，你才会注意到路上的风景，才有精力去欣赏这个过程。假如你放松了，心情愉悦了，路途上的安全反而更能得到保障，否则容易疲劳驾驶。

很多人在成为父母后，会感到身上的责任和担子一下子变重了，在不知不觉间很容易疲劳驾驶，以牺牲自身的身体、情感、关系为代价，去追求更快、更强。

一味地下蛮力，一来容易在工作中累积负面情绪，再把不好的情绪宣泄到孩子身上；二来对自己的健康问题没有觉察，很多人还在通往成功的路上就被累垮了。此外，父母把绝大部分精力都投在工作、挣钱上，常常忽略了孩子的感受和需求，还美其名曰是为了孩子好，要给孩子创造更好的物质条件，结果孩子的教育出现问题了，亲子之间的关系也疏远了。

著名的漫画家蔡志忠说过："努力只比不努力好一点点而已，没有方法的努力是徒劳的，必须带着思考去努力。"所以，**不提升自己的觉知力，这样的父母做得越多，问题越多。**

如何做好父母？首要的任务，是先慢下来，花一些时间在自己身上,去关注你的内在的感受和内心的需求;也花一些时间在孩子身上,关心他此时此刻的情绪,也要注意孩子在不同年龄段的不同需求。**当你慢下来后,觉知即会涌现。**

4

父母改变觉知，养育才真正开始

完形疗法的创始人波尔斯曾说："我们以为自己活在一个四周都是玻璃的房子里，看到的就是全世界。其实，我们活在一个四周都是镜子的世界，看到的都是自己。"

一个人要能看见另外一个人，其实是一件很不容易的事情。你需要停止头脑里的各种假设、猜想、回忆、期待，推倒心墙，打开心扉，才有可能看见他人。**一直活在镜子包围的世界里，你怎么可能看见另外一个人？你看见的全是你自己。**

很多父母，孩子一出现问题，就会下意识地生气，甚至试图通过打骂孩子来解决问题。

当孩子出现负面情绪时,家长们常常把这些话挂在嘴边:"别哭了!再哭我就打你了!""你还敢生气?你再发脾气,小心我收拾你!""胆小鬼!有什么好害怕的?亏你还是男子汉!"长此以往,孩子就逐渐与情绪失去联结,变成了一个不懂悲伤、不会生气、不知恐惧的人。

当孩子在外面与人起了冲突,跟人打了架,回家后很多父母会不分青红皂白地将孩子又揍一顿,以暴制暴。这样不仅没有解决孩子在外的人际关系问题,亲子之间的矛盾也被大大激化了。

当孩子提出需求,或者出现一些离经叛道的想法时,很多父母常常会直接否定孩子的需求和想法,长此以往,就会降低孩子的配得感和"要"的能力,削减孩子的自主意识和创造力。

这种传统的"大家长"的做派,只会让乖顺的孩子更加乖顺,叛逆的孩子更加叛逆,发生在孩子身上所谓的问题,根本得不到解决。因为父母压根没有看到孩子,没有看到隐藏在问题背后孩子的情绪和需求，而归根到底，父母首先没有看清的，是自己。

所以，**在解决孩子的问题前，父母要先反思自己的教养模式。**

很多来上我课的家长一开始都是觉得孩子出了状况，来向我寻求帮助。结果经过学习和分析后才发现，原来是他跟孩子相处的方式出了问题。再往深究，原来是自己原生家庭的问题没有得到很好的处理，自己的情绪反应模式出了问题，自己和自己内心的连接出了问题，而这些问题，统统投射到了自己与孩子的关系上，从而导致孩子变成今天这个样子。

面对这样的父母，我总会建议，先放下孩子的问题，回到自己的问题上来。先进行觉知练习，修补自己。**当我们的生命力、我们的思维处于被禁锢、拧巴的状态时，我们做的任何决定都是有问题的。当我们解放头脑、提升觉知，去相信孩子、相信机缘的时候，很多看似麻烦的事情都会变得有解法。**

先破除自己生命原本的限制,这是每个父母、每个人在这个世界上走一遭,非常重要的责任。

5

高水平的父母会接纳每一种情绪

请回想一下,你过去打骂过自己的孩子吗?假如有一台录像机,把你打骂孩子的整个过程录下来,现在重新放给你看的话,你还敢不敢面对那个曾经的自己?那狰狞的表情,凶狠的语言,对孩子的求饶置若罔闻的冷漠,以及那被怒火彻底吞噬的理性,这个录像中的你,像不像一个暴怒的恶魔?

很多家长都会说,自己打孩子只是做做样子,并没有真的下狠手。可是各位,当孩子被至亲的人误解了,受了委屈,连最亲近的人都不了解他,他心里受到的伤痛会大大超过肉体上的伤痛。

也有的家长尽管从来不打孩子，但在言语的责骂上从不心软。古人有云："良言一句三冬暖，恶语伤人六月寒。"我相信每个人都知道这句话，可在很多家庭里我们经常会听到爸爸妈妈对孩子口出恶言："你这个笨蛋！""早知道就不生你了！"……这些话说出去是收不回来的，如果父母不留意自己日常的表达方式，孩子的自尊、自我价值感，都会因为这些恶言而受到打压。

不要以为你打孩子很轻，或者只是责骂他而没有动手，就算不上暴力。心理上的伤害看不见，影响却是十分深远的。

很多父母会说："道理我都知道，但就是忍不住冲孩子发火！"

有这种现象产生，根本原因就在于父母在自我认识上有欠缺，而情绪是自我的重要组成部分。如果我们不了解自己的情绪，就谈不上去支持另外一个人的情绪。

我们每个人的情绪都包含了喜、怒、哀、惧四类，喜悦是好的、积极的，**但愤怒、悲伤、恐惧也并非毫无价值。没有一种情绪会孤立地存在于某个人身上。**

《道德经》里讲："有无相生，难易相成，长短相形，高下相倾，音声相和，前后相随。"意思是，有和无因相互对立而依存，难和易因相互对立而形成，长和短因相互对立而显现，高和下因相互对立而依靠，音与声因相互对立而谐和，前和后因相互对立而追随。

人的情绪也是如此，快乐里面永远包含着忧伤，忧伤里面永远包含着快乐。一个从来没有痛哭流涕过的人，他的生命里绝不可能有巨大的喜悦，因为未曾感受过哀伤，就不能真正地理解喜悦。

一个婴儿刚刚还在撕心裂肺地痛哭，可是等他哭够了以后，眼泪一擦，马上可以大笑起来。只有婴儿可以做到，稍微大一点的孩子都做不到。因为婴儿刚刚来到这个世界上，是非常纯净的，未受到环境的浸染，还处在一个接近于"道"的状态。

所以，各位父母要先走出误区，别去打压那些所谓负面的情绪，每种情绪都有它的价值所在。

要帮助孩子疏解负面情绪，首先家长要面对自己的负面情绪。我们在自己的成长过程中，可能压抑了大量的负面情绪。压制、忍耐永远解决不了情绪方面的问题。只要你压制、忍耐你的情绪，等累积到一定程度，它一定会爆发。如果不去面对、疏导、转化我们自己身体中累积的各种情绪，我们是无法帮助一个孩子走出他的负面情绪的，甚至还会让他的情绪变得更糟。

想要帮助孩子，请记得先帮助你自己：感知并且尊重自己的各种情绪。此刻我是难过的，我允许自己哭；此刻我是讨厌你的，我允许自己走开；此刻我是疲惫的，我允许自己休息；此刻我是快乐的，我允许自己欢畅。老老实实面对自己内在压抑的情绪，用一种方式把它消化掉，那么我们这些恶言、恶语、恶行会自然而然地减少、消失。

父母爱孩子的前提是，好好爱自己。而爱自己的核心是，

尊重自己内在的情感。

先改变情绪，才能去改变认知。心智成熟的父母，对自己的情绪有感知能力，在关键时刻能去接住孩子的情绪。这是父母的自我修炼。

6

原生家庭藏着我们的人生剧本

什么是原生家庭?顾名思义,就是一个人原来生活的家庭,也就是在孩子年龄尚幼时,父母或其他长辈把他抚养长大的那个家庭。在孩子成年之前,他在哪个家庭长大,那个家庭就是他的原生家庭。

现代心理学普遍认为:一个人的心理健康状况,跟他的原生家庭有着莫大的关联,甚至可以说是直接的因果关系。

西方心理学中有一个学派叫交流分析学派,创始人是艾瑞克·伯恩。他提出了"生命剧本"的概念,也叫人生剧本,即每一个人在十八岁时就已经写好自己的人生剧本。十八岁

以后的人生不过是在按照剧本演出！每一个独立生活的成年人都认为自己就是人生的主宰者，但实际上，他从未得到人生的掌控权。乍一听觉得有些不可思议，甚至有点骇人听闻，但这却是人生的真相。

那么人生剧本是如何谱写而成的呢？我们自己当然是不可或缺的主笔，而创作剧本的素材，就来源于主笔所经历的生活。我们小时候绝对离不开两个人，就是我们的父母。父母间关系的融洽程度，他们相处的方式，他们与上一辈相处的方式，他们对生活的态度，他们出现情绪后的应对方法，他们如何教养你，小时候家里的生活条件……这一切都被年幼的你看在眼里，并自然而然地内化于心。你人生的蓝图，从那时起就开始了绘制。

影响我们人生剧本的主要人物是我们的父母，但"父母"这个词指代的不只是亲生父母，也包括童年生活里所有扮演过我们父母角色的存在，可以称为"泛父母"。凡是养育过我们的人都可以归纳为"泛父母"，例如爷爷奶奶、外公外婆，甚至保姆。

对孩子影响最深远的人是与孩子相处时间最长的人，或者是本来应该与他长时间相处，但实际上却很少与他相处的人，这种缺失感的影响也很深。例如受进城务工潮影响，我国农村地区出现了大量的"留守儿童"。这些孩子只能由祖父母隔代监护或者是由其他亲属监护，极度缺少父母的陪伴，这种亲情的缺失，会影响他们一生。

权威也是对孩子造成影响的重要因素，权威越高的人对孩子影响越大。在某些大家庭里，事务的决定权在爷爷或者奶奶手里，他们说一不二，拥有最高的权威。在这种大家庭里，权威最高的人对孩子的影响，可能比孩子的亲生父母的影响还深。

原生家庭和"泛父母"直接塑造了孩子的童年经验，继而影响他的一生。

那它们是如何对人产生作用影响的呢？是通过"内在孩童"。

"内在孩童"是瑞士心理学家卡尔·荣格在《儿童原型

心理学》中提出的概念。荣格认为，虽然我们每个成年人的肉体已经长大，但是由于小时候我们的父母养育不当，或者对我们的情绪缺乏理解支持，**在我们的内心深处还存在一个在情绪层面没有长大、没有安抚好的部分，这就是内在孩童。**

人的内在孩童分为三个面向：未被满足的需求、被压抑的情绪和幼年决断。幼年决断就是当一个人的需求和情绪被压抑的时候，他会以孩子的视角做出一个判断，这些幼年决断就会结合生活经历，形成人的价值观。

比如，一个家里有三个孩子，可是父母把最小的那个孩子留在外婆家，只带着其他两个稍大的孩子。那个最小的孩子无法理解父母把他留在外婆家的原因，他只知道自己被父母留在外婆家了，但是哥哥和姐姐却没有。这个时候他就会做出一个幼年决断："爸爸妈妈不爱我"，或者"我得不到公平的对待"。这个幼年决断会烙进他的潜意识，深深影响他的价值观。

当一个人形成了一套自己独有的完整的价值观，性格就随之形成。价值观会直接对性格造成影响，而性格又决定我们的命运！价值观让一个人看待世界的角度独一无二，人与人之间大而宽泛的宏观价值观或许有重合之处，但在某些具体或细微之处会呈现各式各样的不同。这些不同之处，大多与每个人的童年创伤有关。有的人特别厌恶把孩子留给长辈照顾，自己远走他乡谋生的行为；有的人受不了那些趋炎附势、投机钻营的人。别人认为是好人的，你可能认为不是好人；别人认为可以接受的，你可能就无法接受。

孩子来到这个世界上，就像是一幅尚未着色的画，最初涂抹上去的颜色，决定了这张画的底色，也定下了人生的基调。他的"种子"里有无限可能，遇到什么样的父母和原生家庭，就显化出什么样。年幼的孩子受到原生家庭的影响程度之大，是其他阶段无法比拟的。

各位父母，不妨思考一下，你的原生家庭是什么样的，给你带来了怎样的内在孩童？而你，又想给自己的孩子营造一个怎样的原生家庭呢？

7

给孩子最好的原生家庭

基于对心理学的研究并结合实际经验,我总结过一张图:家庭轮回图。

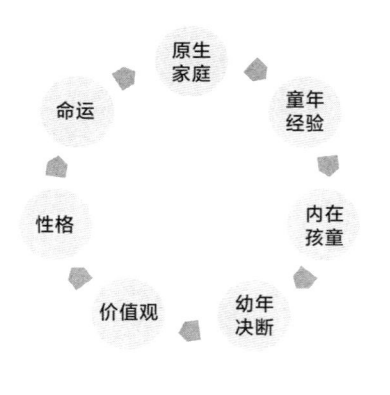

这张图的起点,也是每个人人生的起点,即原生家庭。在前文中,我已经讲过,人生剧本是在原生家庭里写成的,具体而言,剧本创作的过程就通过家庭轮回图展

现出来。心理治疗的所有元素，都出现在这张图中。

正如前文所述，人的内在孩童分为三个面向：未被满足的需求、被压抑的情绪和幼年决断。一个人的幼年决断会深深地影响他的价值观，而价值观决定性格。什么是性格？简单说，性格就是性命的格局，格是边界的意思，人格就是人生的格局。凡事有格局就有界限、有边框。有的人的边框比较大，叫格局大；有的人边框比较小，叫格局小。

性格会决定你的命运，而你的命运又会左右他人的原生家庭。这个他人是谁？是你的孩子。你的孩子又一次通过"童年经验—幼年决断—内在孩童"形成他的价值观、性格、命运。孩子长大了又影响下一个原生家庭，影响他的孩子，这就叫轮回。

现在，大多数心理教育疏导都停留在技术层面，其中就包括 NLP[1]。而完形心理治疗则更深一步，深入人的内在

---

1 NLP（Neuro-Linguistic Programming）在心理学中指的是神经语言程序学，这是一种研究人类行为、沟通和个性等方面心理技巧的流派。

孩童，对内在孩童受到伤害和压抑的部分进行修复。原生家庭直接影响我们的童年经验，而内在孩童是由童年经验塑造而成的。

我们踏上自我探索、自我成长这条道路，都是从聆听内在孩童的声音开始的。

如果你曾经或正在原生家庭中受到创伤，不要再外求，不要沉浸在受害者角色里。我们必须先深入了解、改变自己的内在孩童和幼年决断，当你真正了解了自己的内在孩童曾经受过什么样的伤害，你就会明白你过去为什么要那样对待你的孩子，也就会避免将来你再犯同样的错误。

这种改变不仅仅是思想认识层面的改变，更是一种潜意识上的深刻改变。终止原生家庭的轮回，重新谱写自己的生命剧本。只有先治愈自己的内在孩童，才能养育好孩子。

各位设想一下，如果你的性格、命运改变了，你的情绪、价值观模式都改变了，对你的孩子有没有影响？对你的家族有没有影响？

各位父母，想要改变孩子的成长轨迹，提供给他更好的原生家庭，请在内在孩童、原生家庭、幼年决断、童年经验这四个部分做功课。只有先治愈自己的"内在孩童"，才能养育好孩子。

8

你是怎样的父母，就会给孩子怎样的命运

明白了内在孩童对人一生的影响，各位就要去思考一下，在你的成长历程中，或者在你孩子的成长历程中，都得到了哪些支持？又有哪些缺失？

你陪伴孩子的时间够不够？你对孩子情绪的接纳程度够不够？在孩子需要你的时候，你能不能及时出现？在孩子遇到困难的时候，你有没有好好地聆听过他内心的声音？

如果没有，那你就只是给了他饭吃、给了他书读，而缺失了重要的心灵上的陪伴与支持。

在我儿子小时候，有一天我鼓起勇气对他说："孩子，你知不知道我跟你妈妈现在关系不好？我们都闹过离婚。"当时，我觉得有必要跟儿子谈一谈这个问题，因为那时候我跟我妻子的关系非常僵。

我儿子听我说完之后，突然就爆发了："你们以为躲在房间里吵架，我就不会知道？你们以为我听不见。我躲在门外听，你们把门关上，我就趴在地上听……"他一边讲一边哭，然后问了我一个问题，"爸爸，如果你们真的离婚了，那我该怎么办？"

我听了之后立即就受不了了，眼泪止不住地流下来，只能安慰儿子说："孩子，我也不知道，我真的没有想好，但是不管发生什么，我都会爱你的。"

我儿子反驳道："爱什么爱？我们学校有很多同学的爸爸妈妈离婚了，爸爸来接他，妈妈就不能来，妈妈来接他，爸爸就不能来，反正少一个。"

我边哭边问他："孩子，你是不是很担心将来也会这样？"

我儿子最后说了句话:"爸爸,我知道你跟妈妈之间有很多的矛盾,但你能不能像我一样爱她,我去跟妈妈说,叫她也来学习心理学。"

他看到了我学习之后的改变,才愿意跟我讲这些。这是我第一次在心灵的层面跟我的儿子相遇,我们两个人都泪雨滂沱。**在那一刻,没有父与子的角色,只有两颗赤诚的心相对。**

在后来的生活中,我与儿子类似这样的会心交流的场景非常多。所以,他在十八岁那年失恋后,才会向我求助应该怎么做,愿意跟我分享他的生命经历。

很多时候,我们会抱怨孩子不再跟我们讲心里话,怀疑他不再爱我们了,而我们为孩子做了那么多,我们觉得这不公平。

如果你有过这样的念头,不妨想一想,你有多久没有在你的孩子面前敞开心扉,掉下你珍贵的眼泪了?相对应地,你的孩子在你面前可能也无法敞开心扉了。他宁愿躲起来哭,也不愿意在你面前流泪。为什么？他害怕你看到他的脆弱，因为他小时候无数次地在你面前呈现他的脆弱，却都被你一次次打压与否定。回想一下，是不是这样的？他在你面前哭泣的时候，你曾经做过什么？他告诉你他难过的时候，你真的支持过他吗？

各位父母，你们处在一个承上启下的时代。你们没有多少人是含着金汤匙出生的，而现在，为了孩子，你们既要创造物质条件，还要重建自己和孩子的心灵。两者兼顾，这是一件很不容易的事情。

正在阅读本书的父母，你们的孩子也许已经很接近人生剧本的完成期。在这种情况下，你能做的是不断学习成长，让自己成为一个更好的父亲或母亲，在孩子日后成长的道路上支持他，帮助他修改人生剧本中存在的问题、缺陷和偏颇之处，从而改写孩子的人生。

同时，按照本书的方法去实践，你会更多地了解自己的情绪与身体、思维的关系，让自己成为一个身体健康、思维敏捷、情绪流畅的人。**这本书的最终目的，就是让你变成一个更好的自己，从而有心态、有能力、有方法地去支持你的孩子。**

第 2 部分

重建
你与孩子的关系

1
爱比是非责任更重要

孩童时代,我们的心曾经也是非常柔软的,曾多次向这个世界敞开心门,尤其是在面对亲人的时候,我们曾不设防地向他们倾诉自己的经历和内心感受。但是为什么我们与亲人之间会渐渐变得有隔膜了呢?那是因为我们经常被忽略。久而久之,心就变得"硬"了起来。

如今我们为人父母,也会面临一样的困境。当孩子说"妈妈,我好难过哟",有的妈妈可能会回应"这有什么好难过的";当孩子说"妈妈,我真的很生气",妈妈又说"这有什么好生气的";当孩子表达"我好害怕,我不想一个人睡一个房间",父母便说"我们就在你隔壁啊,有什么好害怕的呀"……孩子每次向父母敞开心扉,得到的不是理解、认同,而是否定、忽视,父母用成年人的逻辑去敷衍了事,没有表现出同理心,长此以往,孩子就会关闭心门。而在这背后,是诸多未被满足的需求,是满溢的压抑情绪。

那个曾经追在父母身后的孩子,因为一次次的否定、忽视、不被理解,最终发现向父母敞开心门是危险的,于是为了保护自己,便砌起一堵高高的心墙。

如何让孩子关闭的心再次向你敞开呢?我总结了四步方法。

第一步,父母要有勇气去老老实实面对自己,去变成自己内在孩童的父母。只有这样,我们才能深切体会孩子成长过程中的一些感受,理解孩子的想法,从而鼓励孩子将自己的需求表达出来,情绪释放出来,孩子便会重新对我们打开心门。能够透过孩子情绪的表象,去看到背后的需求,才是有智慧的父母。

第二步,我们要意识到,需求没有对与错,但接纳孩子

必须用心接纳。有些家长认为，不满足孩子的需求，就会伤害孩子。但你在满足孩子需求时，如果是不乐意的、很勉强的，那你就是在娇纵孩子。因为你实际上也是压抑了自己的情绪在满足孩子，情绪累积到一定程度，就会发泄到孩子身上。你可以不满足孩子的需求，但不要去否定他的需求。比如，态度温柔而坚定地告诉孩子：我知道你想要这个玩具，但我现在满足不了，因为它超出我们这个月买玩具的预算了。如果孩子有情绪，允许他发泄，你就在旁边陪着他。等他宣泄完，也就代表他在心里和这个需求告别了，他就不会一直压抑着、惦记着，情绪翻篇后，也不会影响你们原本的亲密。

第三步，向孩子表达爱意时不妨直接些。试试不和孩子讲"妈妈爱宝宝，妈妈很爱你"。实际上，"我"和"你"是最平等、亲密的表达方式，不要用角色去替换真实的人，请直接和孩子说"我很爱你""我很欣赏你"。这会让你们更亲密。

最后，责任不等同于爱。很多人错把养育孩子当作一种责任，认为承担了这种责任，就是爱孩子的，就会和孩子建立起亲密关系。

其实，责任和爱是有区别的。内在修为没有达到一定境界的人，基本上都是活在责任里，活在"我应该为父母做什么""我应该为孩子做什么""我应该为谁做什么"的条条框框中。而超越责任的，是爱。试想，"因为他是我的孩子，所以我应该对他好"和"我是真的发自内心地欣赏这个孩子"，有何不同？

各位爸爸妈妈，你在对孩子好的时候，到底是基于责任呢，还是基于爱呢？你发自内心地欣赏孩子的每一个当下吗？你发自内心地去理解过孩子的喜怒哀惧吗？你发自内心地去接纳过一个孩子的"躺平"，一个孩子的颓废吗？还是只是活在一种责任里，认为自己应该把这个孩子养育成人？

真诚、真实地向孩子表达我们内心的感受，理解、接纳孩子的想法和行为，思考责任与爱的区别，是我们拉近与孩子之间的距离、建立亲密关系的不二法门。

2

如何快速拉近亲子关系

更多的时候，我们要用一种幽默的态度去过活。我们在轻松幽默的氛围中把想做的事给做了，包括跟孩子相处也是如此。

在这方面，我分享一个我家的故事。曾有一段时间，在女儿起床之后，我会和她做一个小游戏：她用乱语的方式对我说一句话，不管有没有听懂，我都会用同样的方式回给她一句话，然后我妻子和儿子也会加入这个乱语游戏中，一家人嘻嘻哈哈，一早上的气氛都其乐融融。

还有一次，大概在我儿子 10 岁，我女儿 3 岁的时候，在他们洗完澡穿好贴身衣物之后，我给他们每人绑了条浴巾，玩起了相扑比赛。两个人玩得不亦乐乎。

如果我们没有办法将幽默、游戏的元素融入生活中，就说明你整个人的状态都是紧绷的，缺少松弛感，家庭生活也会少了很多快乐。

其实，幽默很简单，只要我们放松身心，让内在情绪保持流畅、灵动，善于发现，学会利用生活中的一些条件和元素，便可营造一种轻松愉悦的相处氛围。

如果你是偏向严肃、一本正经风格的父母，不如尝试改变一下风格，在幽默方面做足功课，这样更有利于拉近与孩子之间的距离，建立起更亲密的关系。

3

让孩子愿意听你说话

我听过做父母的人和我抱怨最多的一句话是：我家孩子什么事情都不愿意和我说。更巧的是，我收到孩子跟我控诉最多的话是：我的爸妈很扫兴，所以我不愿意跟他们分享。

其中的症结在于：很多父母，不懂得聆听的艺术，在与孩子交流时，急于审视、评判。

有智慧的父母，在一场沟通中，20% 的时候自己在讲，而 80% 的时间都是在听孩子说，让孩子感到自己被看到、被理解、被尊重，孩子才更愿意和你分享感受。

家庭不是讲对错的地方，而是更注重感受的地方。很多父母在孩子遇到一些事的时候，习惯于和孩子掰扯对错，给孩子讲道理。最后就是想证明自己是对的，孩子是错的。

很多爸爸妈妈以此为荣，乐此不疲。但是，绝大部分时候，孩子并不会接纳这种沟通方式，那么这种沟通就是无效的。

而且，倘若父母长期采用这种"揪是非，讲道理"的批评式沟通方式，不仅会令孩子感到悲伤、沮丧、自责，甚至会让孩子感到自我价值感极低，陷入自我贬损的深渊。

其实，父母完全可以换一种方式，跳出是非对错的思维怪圈，只是告诉孩子，他的行为会让你有什么感觉，而不对孩子的行为进行评判。当孩子说谎时，你可以说："你没有和我说你的真实想法，这让我有些难过，也很担心你。"当孩子没有达到学习目标时，你可以说："我们本来约定的是××，可是你没有完成，这让我有些担心你是否能跟上后面的进度。当然学习是你自己的事情，希望你好好想一想。"只描述事实和感受，这是作为父母最起码的一项能力。**如果你希望你的孩子透过你的反馈让他的自我价值感一天一天变得更高，请去启发一个孩子的良知。**

在每一个人的内心深处，其实都是有两股力量在交织的，中国的道家把它称为阴阳，西方的说法是，一个是善，一个是恶。启发一个孩子的善，让他自己自动自发地去遏制自己内心的恶，或者让他慢慢地可以通过这样的方式跳出对错，去看到事物的本质，这才是一个父母要做的，而不是去强化这个世界的对错。

在此谈谈关于如何有效沟通的几点看法。

第一点是真实性。家长在与孩子沟通时，要将自己内心最真实的想法反馈给孩子，比如，身体有什么感受，内心产生了怎样的情感（难过的、愤怒的、无助的、开心的、喜悦的等），对一件事情是如何评价的等。

第二点是及时性。即在事情发生之后，尽快表达自己的感受，切忌翻旧账。因为时间拖得越长，我们对曾经的那个情景的记忆就越模糊，对事情的认知可能也会变得不客观，那么时隔很久再去沟通便没有意义了。

第三点是完整性。即在沟通过程中，将自己内心的感受以及所要提供的信息，清晰完整地表达出来。

在跟孩子沟通的时候，这三点很重要。父母只有真实、及时、完整地与孩子沟通，才能形成一种真诚、开放、平等的交流氛围，让孩子愿意听父母说话，从而建立起亲密关系。

4

化解冲突的秘诀，
是接住孩子的情绪

如果你跟孩子的关系处于紧张、拧巴的状态，甚至已经形成对立，你说什么，孩子都不听，还总是和你对着干，这说明在你们的关系中，孩子已经受伤了。

伤人的行为背后，往往有一颗受伤的心。为了不让自己再受伤，孩子往往把自己的心封闭起来，不去感受疼痛、难过的情绪。**孩子也曾想要表达情绪，但换来的不是父母的同理心，反而是更多的暴力行为或者是忽视。**

如何融化关系的坚冰？

首先要找出，曾经有什么事件造成了你们关系的紧张，是否有过打骂孩子的情况？父母必须和孩子一起面对曾经的创伤，帮助孩子把压抑的恐惧、悲伤、愤怒等情绪释放出来，而且必须诚恳地向孩子道歉。

孩子的心比较单纯柔软，鼓励孩子向你表达他内在压抑的情感，这样可以慢慢拉近、修复你们的关系。当然，这需要建立在父母对自己的情绪有觉察力，并且对孩子有同理心的基础上。

更重要的是，家长一定要诚恳地接纳你的孩子本来的模样。

每个孩子都有自己独特的性格和气质，是一个独立又完整的个体。比如你是外向话多的妈妈，你可能要接受自己的孩子是安静寡言的。顺着孩子的气质秉性和他相处，不要强求他做出改变，能化解很多不必要的冲突。

接纳了孩子的本性，还要接纳他的情绪。

你接纳了孩子的悲伤，孩子才有机会变得喜悦；你接纳了孩子的愤怒，孩子才有机会变得平静；你接纳了孩子追求自由，孩子才有可能知道什么是规范。倘若父母一上来就告诉孩子必须平和，不能愤怒；必须喜悦，不能悲伤；必须讲规矩，不能自由发挥……这样反而会导致孩子丧失本真，不利于孩子的健康成长，更不利于建立良好的亲子关系。

通常一个孩子不尊重父母的背后，是因为父母也不尊重他。尊重一个人的感受，尊重一个人的思想，尊重一个人的需求，尊重一个人的选择，这才是真正的尊重啊！父母希望孩子尊重自己，那你是一个值得被尊重的人吗？就因为你给他生命，给了他饭吃，他就应该尊重你吗？可当你打他、骂他、责备他、操控他的时候，你尊重他的生命了吗？如果没有，请问孩子凭什么尊重你呢？

所以，不管是在亲子关系还是在任何的人际关系里，想要获得尊重，前提是你值得被尊重，你的德行值得被尊重。父慈而后子孝，这是一个基本的逻辑，而这个中间真正的纽带，就是爱。否则的话，别说尊重父母了，一个长期不被尊重的孩子，他连自重都做不到。**所有的人类的高级情感，都是因为感受过、得到过，才会愿意给予他人。**

5

用"通信"的方式，放下彼此的防备

这篇给各位父母分享一个实用的办法。如果你和孩子的关系最近因为一些事情变得有些微妙，你发现孩子不爱和你沟通了，或者你们的关系已经紧张多时，那你一定要试试这个改善的办法！

首先，我要教大家让自己柔软下来，不要时时刻刻都保持一副刚强的样子。在我们过去的认知里，愤怒的情绪是最有力量的，所以，我们习惯于使用愤怒的表达，哪怕其实我们感到的是担心、忧虑、无力、无奈……比如，孩子和同学外出玩耍很晚都没有回家，我们担心他的安全，但很多父母通常不会直接跟孩子表达担忧，而会把这个担心转化为愤怒的责骂："你个野孩子，死在外面别回来了！"

这些愤怒情绪的背后，潜藏的真实情绪其实是爱。我们不敢向孩子表露我们认为是柔弱的情绪，取而代之表达的是刚强的愤怒，却一步步把孩子从身边推离。**只有父母先卸掉身心的盔甲，向孩子袒露你的柔弱与无力，才更容易贴近孩子的内心，让孩子得到爱的滋养。**

我曾经看过这样感人的一幕：一个小男孩正在发脾气，正巧他的叔叔来串门，小男孩闭上眼睛对叔叔大吵大嚷："我讨厌你！"叔叔微笑着说："可是我爱你。"小男孩又用更大的声音，斩钉截铁地说："我讨厌你！"叔叔却没有生气，而是更加温柔地说："我还是爱你。"小男孩又大喊："我讨厌你！"叔叔继续温柔地对他说："没关系，我真的很爱你。"并且张开双臂，把小男孩搂住。小男孩终于软化："我也爱你。"说完，投入叔叔的怀抱中。

缺乏柔软的人，想把关系处好，是很难的。在社会上、职场中如此，在夫妻关系、亲子关系里亦如此。柔软就像水一样，无坚不克。老子在《道德经》里说："天下莫柔于水，而攻坚强者莫之能胜，其无以易之。"他还说水"几于道"。你看水，只要地上有一条缝，它就能渗进去，因为它够柔软，随时可以变换它的样子。

那如何通过具体的事情让孩子感受到你的柔软呢？**有些父母不太爱表达，口头表达很生硬，"写信"是一种行之有效的方式。**这个方式我已经教过很多的家长，效果都挺好的。当然，对于一些过去亲子关系实在太差的，孩子可能会说："你又想来搞这一套，没门！"但是没有关系，即便孩子不怎么理睬，你也会发现孩子跟你靠近了一些，因为毕竟你通过写信向孩子表达了一些柔软的东西。

我时不时也会给我的孩子写一封信，表达某段时间我的内在世界、我对她的情感和对她的牵挂。"通信"已经成为我和孩子之间进行深度交流的一个媒介。

我女儿也曾经给我写过一封信，是压在餐桌上给我的，她跟我说："爸爸，有些时候我不想理你，不是我不想理你，是我不知道该如何面对你。因为我知道有些小毛病我改不掉，比如说，我喜欢看手机，我喜欢关起门来唱歌，而且一唱就是几个小时。有时候，我知道你是为我好，但是不知道为啥我就是喜欢手机。"

我看了女儿的信之后，就手机的部分给了她一些回馈，我跟她说："孩子，我每当看到你在家里玩手机玩到连饭都不想吃，甚至叫你吃饭三四遍你都舍不得放下手机的时候，我就很担心、很难过，我担心你的眼睛会受不了，担心你会沉溺于手机游戏，担心待会儿饭菜凉了，不利于你的身体健康……"我把我所有的担心都告诉了她，很有意思的是，从此以后她玩手机就有了一些节制，因为我的担心让她对自己的行为有了一个觉察。

6

勇于和孩子说"我不知道"

《论语》有言:"知之为知之,不知为不知,是知也。"西方伟大哲学家苏格拉底也曾说:"我唯一知道的就是我什么都不知道。"由此可见,坦诚,是非常可贵的品质和智慧。

作为父母,在面对孩子的提问时,我们要有勇气讲出"孩子,这件事情我不知道"。我们本身就不是万能的,自然不会洞明一切世事。拥有父母的身份,并不代表我们没有认知盲区。我们不需要在孩子面前摆出一副无所不能的样子,承认自己的无知无能,适当地向孩子示弱,反而会激发孩子解决问题的能力,促使孩子学会深度思考。

相反，倘若父母不懂装懂，在自己都不了解事物全貌的状况下，硬着头皮给孩子指出解决问题的方案，反而会把孩子引到一条错误的路上。

每个人的生命背景都不一样。父母用自己的生命背景和价值观给出的方法和答案，也许仅适用于自身，却不一定能帮到孩子。父母可以与孩子分享自己的经历和感受，但是绝不要轻易帮助孩子做决定。决定做得好，孩子可能以后会事事都依赖你；决定出了纰漏，孩子可能会归罪于你，会产生"都怪你，都是因为当初听了你的"这种想法。所以，我们要用科学的理念和方法引导孩子学会深度思考，让孩子用其自身的认知做出决定，即便结果未必如孩子所愿，但他在这个过程中学会了对自己负责。这是很有意义的教育方式。

承认自己的无能为力，不给孩子提供虚假的答案。养育之路很长，学问也很多，但"坦诚"是其中最简单也最重要的一条。

7

你不经意的评判，会毁掉孩子

几年前，我在成都讲课，有一个女孩在讲台上分享了她的个人经历：小时候，每次开口唱歌，妈妈都会说她跑调很严重，以至于她渐渐变得很抗拒唱歌，听到"唱歌"这个词就很害怕，更不要说在公众场合唱歌了。

人们常说"言者无意，听者有心"，其实很多时候，并不是听者多虑，而是语言的力量是无形的，它潜移默化地影响着每个人，悄无声息地塑造着个人成长路径。

上述案例中，妈妈的评判，不管是嘲讽，还是无心之举，最终的结果都是一句轻飘飘的话，在女孩心中种下了怀疑自己的种子，让女孩在歌唱方面变得非常不自信，甚至产生了恐惧感。

父母的评判，既可以产生消极的导向，也可以起到积极的引导作用。在这方面，中国当代著名画家陈丹青的经历是一个很好的佐证。

众所周知，有些画家生前穷困潦倒、生活拮据，去世之后方才声名大振，但是陈丹青不一样。20世纪90年代至今，他举办过多次画展，他的画作更是价值不菲，《牧羊人》拍卖出了1.6亿元的价格。

而他之所以能有这样的成就，既与天赋有关，又离不开个人的努力，更与年幼时父亲的鼓励有很大的关系。陈丹青曾在采访中表示，他从小就在绘画方面很有自信，因为父亲说他画得好。

一个否定的标签，让孩子从此不敢唱歌；一个肯定的标签，让孩子成长为伟大的艺术家。幼年的孩子对父母的话往往深信不疑，他对自己的认知、评价，很大一部分都是来自父母的评价，而父母为了孩子的健康成长，便要时刻注意自己的言行，尤其是不要轻易给孩子贴上一些拙劣的标签。在孩子不具备怀疑、批判能力的阶段，你的评判，可能会让他背上一生负重的枷锁。

所以，父母们应该怎么做？多给孩子正向鼓励！正向引导、评价、鼓励，会让孩子建立自信，看到自己的优势，最大限度地发挥个人天赋与潜能。

当然，我们强调父母的评判对孩子影响深远，并不是提倡父母盲目地夸赞、肯定孩子，这样做的反作用，会让孩子迷失自己，在遭遇挫折时束手无措，因为他们会觉得，既然在父母眼中，自己是完美的，那就不应该遭受失败。父母虚假的赞美，也会给孩子的成长埋下隐患。

给孩子正向鼓励，肯定他的天马行空，肯定他的创造力和探索欲。当孩子搞砸了，也不过分安慰，只是告诉他没关系，重来就好。

8

善意提醒可能会伤到孩子

有些家长，很爱在琐事上念叨孩子。

孩子去学校之前提醒"书包带了吗""记得把东西带全""在学校要和老师打招呼"。听起来是很善意的提醒，但是孩子可能会很反感。尤其是青春期的孩子，特别厌烦父母的一些唠叨、提醒。

原因是什么呢？

第一，你不相信他，这些最基本的事情需要你来提醒吗？你不停地提醒，反倒会让孩子觉得自己很无能。

第二，孩子原本已经想到了该怎么做，可经你一提醒，他自己的努力就白费了,这会大大削弱他的成就感。

所以很多孩子叛逆,并不是因为父母说的不对,或者有意忤逆父母,而是父母的行为,让他感到挫败,伤害到了他的自主性。其实有时候,父母与其不停地唠叨、嘱咐,不如给孩子一些温暖的回馈,比如对孩子说"我爱你""我们会想你的",或者是早上孩子出门上学前,给他一个拥抱就好。

有时候,即便你什么话都没说,但是在内心相信孩子可以做出最好的选择,用眼神和动作鼓励孩子,这比重复说教或者激烈批评的教育效果好得多。

人这一生,会有形形色色的关系,但其中,只有父母与子女的关系,最终的目的,是为了走向分离。所以我总是奉劝为人父母者,孩子不是你的私产,而是你生命中的一段缘。不要全然为孩子去付出,把自己的生命活好,发自己的光,顺便去照亮孩子。你付出的太多,总和孩子强调你的辛苦和牺牲,会让孩子产生很大的负担感。孩子将要受的苦、享的福、获得的成就,和父母没有太大的关系。你学不会放手,孩子就永远学不会单飞。

不要试图去帮助孩子解决所有问题,除非他向你求助。孩子是独立的,怎么能指望他生命中的所有问题都被我们解决呢?

9

做不扫兴的父母,爱孩子如其所是

一棵大树的种子,将来有可能长成栋梁。一棵小草或小花的种子,虽不够起眼,也能装点世间。我们能说谁的贡献更大吗?当然,从功用的层面来讲,它们的确有大小之分。但是从本体的角度来讲,它们都活出了自身的本色。

这个问题,放到教育领域同样适用。我们现在整个教育的最大问题是什么?就是想要把一棵小草变成参天大树。

小树苗成长为参天大树,这固然没问题。但若是想要把小草、小花也变成参天大树,一切的标准都是参天大树,那就比较荒唐可笑了。我们现在的教育有把所有人都整齐划一地训练出来的倾向,这其实是个谬误。

讲个我自己的故事。我从小就很爱唱歌,尤其爱模仿很多歌星。跟随许宜铭老师学习心理学期间,有一回,我们和老师一起聚餐、唱卡拉OK。那天我唱的是刘德华的《忘情水》,正唱得陶醉,老师突然就来到我面前,说:"我听到一个'刘德华'在唱歌,智勇去哪儿了?"

我瞬间犹如被电击。是的,我模仿得很好,但是,"我"不见了。然后我就唱不下去了,开始泣不成声,回想自己之前的生命中,很长一段时间都在模仿别人,想要成为这个,成为那个,唯独没想过怎么成为自己。

所以,身为父母,应该意识到,每个孩子都有自己独特的性格和该走的路。

弗洛伊德曾说,一个无可置疑深感父母爱和信任的人,会终身保持胜利者的感觉。而这种成功的信念,会让他这一生都能不断地获取成功。

聪明的父母,懂得什么对孩子更好,会把爱和肯定变成孩子行走世界的底气。肯定孩子,并不是因为他的成绩好,不是因为他身上的那些光环，而是因为爱孩子本身，爱孩子的全部。这是增强一个孩子自我价值感最好的方式。

如果一个孩子遇到了这样的父母，何其有幸，这样的父母又何其有德。他允许他的孩子成为他自己，而不是不停地去教导他的孩子要成为这个，成为那个。让孩子树立一个成长的目标确实有激励作用，但每个人都是独一无二的，你不可能成为另一人。崇拜偶像，可能就会失去自己。

别再觉得孩子内向，拼命想去纠正，因为他本性如此，而且内向者也有自己的优势；别再因为孩子画画、打球，为此耽误了写作业就开始暴躁，开始指责孩子，或许，这正是孩子真正的天赋呢？看到孩子的特点，而不是缺点。爱孩子如其所是，然后你们才可能会有完美的亲子关系。

一个被父母完整看见的孩子，他在外面，无论经历了多少风雨，依然非常清楚地知道，自己的存在，就是价值。所以那些风雨不会击倒他，即便是被风雨刮了一下，爬起来，还是可以继续前行，为什么？"我"还在这里，不论经历什么，他都会知道，"我"始终是完整的、被爱的、独一无二的。

10

孝顺不是被教出来的

有些父母在孩子很小的时候，就希望孩子学会感恩，生怕孩子长大了不孝顺，这其实是很多为人父母者的一个妄念。

一个人能否懂得感恩，并不是被要求或教导出来的。感恩是一个人在某种关系里得到过爱，得到过滋养，发自内心地产生出来的一种人类最崇高的情感，无法被教导。

一个小时候被要求感恩的孩子，可以确定他将来是不会感恩的。因为就这一个要求就可以毁掉他所有的感恩之心。长久以来，我们的教育环境中充斥着太多"爸爸妈妈生养了我们，给了我们生命，所以我们应该感恩"的论调。但是，如果站在这样一个道德制高点上去看这个问题的话,就会把人物化,便会出现一些"因为我生养了你,所以我可以对你做××事"的行为,比如,有些父母会认为自己给了孩子生命,就可以对孩子施以粗暴的语言、行为,伤害孩子的心灵。试问,这样对待孩子,孩子怎么可能会感恩呢?除非某一天孩子通过自我探索,消除了生命中的某些伤痛,看清楚了世间的某些真相,才会发自内心地感恩父母把自己带到这个世界。这种自然萌发的情感和被要求的情感,完全是两回事。

一些学校宣传孝道,让孩子回去给爸妈洗脚,我是反对的。孝的内涵不是这种形式上的东西,而是一种心灵距离。他跟你是亲密的,是在乎你的,在你的面前是可以把心敞开的,你也可以对他把心敞开,你们是有温情交流的,这才是孝的本质,爱才是孝的本质。

身为父母,一定要了解,"父慈子孝",先要有"父慈",才会有"子孝"。而慈爱的底层逻辑就是共情能力,能不能理解一个孩子的情感和需求,能不能尊重一个孩子的想法和选择,这些都很重要。没有慈爱、共情、理解作根基,你希望一个孩子将来是孝顺的，很难。他也许会给你买好吃的、好穿的，给你买房子，在物质上对你好，但他的心理距离跟你是不近的。还有很多孩子长大后和父母反目成仇、彼此怨恨，令人叹惋。

如果你在你的原生家庭中没有得到过来自父母的共情、慈爱，你就要靠自我学习、自我探索，重新地爱自己一遍，养育自己一遍，让自己重新拥有爱的能力，然后再把爱的能力输出给你的孩子。这样你的孩子心中有爱，不需要你说"你将来要孝顺我"，他自然而然就会爱你、孝顺你。

11

给孩子五种自由，关系如获新生

俗话说："人上一百，形形色色。"这形形色色的背后实际上是个人价值观的巨大差异，世界上，没有两个人的价值观是完全一致的。当价值观发生冲突的时候，大多会导致双方的痛苦。要想解除痛苦，唯有彼此尊重、宽容以待，给予对方充分的自由。

这一点，在处理父母与孩子的价值观冲突时也同样适用。陶行知先生说："让孩子出自己的力、流自己的汗、吃自己的饭才是英雄汉。"父母要让孩子持有自己的价值观，并允许他们根据自己的价值观，自由地感觉、感受、思考和选择，这样才会激发孩子的内在能量,培养出独立完整的人格。

具体来讲,父母要尊重孩子的五种自由:

一是尊重孩子感官的自由。孩子刚生下来,对这个世界充满好奇,他会通过眼睛看、鼻子闻、嘴巴尝、耳朵听、小手摸去接触周围的一切。这个时候,父母要允许孩子以他自己的五感去探索这个世界,并相信孩子的感觉。

可是,有的父母出于保护孩子的考虑,会禁止孩子去看、去尝、去摸,无形中限制了孩子的感官自由。有的父母不相信孩子的感觉,明明孩子已经热得满脸通红、满头大汗了还要给他加衣服,生怕孩子受凉了。还有的孩子已经吃饱了,但奶奶、外婆还追着孩子喂饭,生怕孩子饿着了。

长期这样做,可能导致孩子长大后冷暖不知、饥饱不晓,丧失对周围环境和自己身体的感知能力。所以,请父母允许孩子以他自己的五感去探索、感知这个世界,这对于孩子的健康成长尤为重要。

二是尊重孩子情绪的自由。在孩子成长的过程中，他必然会经历喜怒悲惧的各种情绪。前面我已经讲过，这四大情绪各自有其不可替代的巨大价值。可是我们有些家长却见不得孩子哭泣、见不得孩子生气、见不得孩子害怕，只要孩子滋生这些情绪，轻者劝阻、嘲笑，重者呵责、打骂。

　　"别哭了！男子汉哭哭啼啼的像什么样子！再哭我打你了！""你还敢生气？你再发脾气，我就收拾你！""胆小鬼！有什么好害怕的，亏你还是男子汉！"更有个别父母连孩子笑都不允许："你笑什么？有什么好笑的？"

　　长此以往，孩子就逐渐与情绪失去联结，变成一个不苟言笑、不会生气、不知恐惧的人，这样的人和一个机器人何异？所以要尊重孩子情绪的自由，允许他高兴时放声大笑，允许他悲伤时尽情哭泣，允许他恐惧时畏缩后退，允许他生气时如火山喷发般地发泄怒气，在他经历这一切时支持他、陪伴他。

　　三是尊重孩子需求的自由。需求永远无关对错，不管是生理上的需求，还是心理上的需求。如果你一时无法满足或者不愿满足孩子的需求，也要告诉孩子他是值得拥有这个需求的。有的父母习惯否定和限制孩子的需求："你怎么能想要这么贵的东西？你不知道爸爸妈妈挣钱有多辛苦吗？""你不能与小王比，他爸是开矿的，我和你爸都是挣工资的，所以，你只能买那些一般的衣服，能穿就行了嘛。"

长期否定孩子的需求，就会降低孩子的"配得感"，减弱孩子"要"的能力。长大后，他在面对金钱、职位、荣誉时，会不敢积极去争取，从而错失许多成功的良机。所以，父母要尊重孩子的所有需求，虽然你不必满足孩子的每一个需求，但要让他拥有自由提出需求的权利。需求就是动力，限制了孩子需求的自由，也就限制了他内生的动力。

四是尊重孩子思维的自由。 思维是人与动物之间最大的区别，有了思维，人才开始创造工具、使用工具，以并不强健的身体在弱肉强食的丛林里杀出一条血路，最终成为万物之灵。因此，父母不要禁止孩子思考，也不能贸然否定孩子的思想，哪怕那些思想在你看来是稚嫩的、荒谬的、可笑的。在孩子问为什么的时候，要鼓励他通过思考得出自己的答案。对于所有的问题，都不要以标准答案来限制孩子，要鼓励他展开天马行空的想象和思考。

电影《刺客信条》里讲："万物皆虚，万事皆允。"思维是没有边界的，不应受到任何的限制。如果哥白尼不质疑《圣经》，就不会提出日心说，继而改变人类对自然、对自身的看法；爱因斯坦如果没有对牛顿定律产生怀疑，就不可能发现相对论从而开启现代物理学发展的新篇章。须知自由思维是探寻真理的利器，也是产生创造力的不竭源泉。

五是尊重孩子选择人生道路的自由。孩子虽然经由父母来到这个世界，但他的生命却不从属于父母。走什么样的人生道路，完全应该由他自己做主。可是我们有些父母却喜欢干涉操控孩子的人生，小到上什么兴趣班、读哪所中小学、和哪些人交朋友，大到考哪所大学、选什么专业、进哪家单位、和谁恋爱结婚，都要孩子按自己的意见来。更有甚者把自己未实现的人生梦想全然转移寄托到孩子身上，企图让孩子活出自己理想中的人生。孩子稍有反抗就威胁、呵责或打骂。

这类父母常挂在嘴边的话是："我这都是为了你好！""你咋这么不听话、不懂事呢？"重压之下，有的孩子选择屈服，好吧，你们要管就管到底吧！于是，造就了一批不知"学习为了什么，生活有何意义"的所谓"空心病"患者，长大后成为"啃老族""宅家族"。极个别的孩子醒悟过来，决定过自己的人生，于是，毅然选择远走他乡，甚至与父母断绝关系，只为逃避父母的掌控。

所以，在人生道路的选择上，请父母把自主权、决定权还给孩子，你可以当一个参谋，可以分享自己的生命经验，可以给孩子最真挚的祝福，何去何从，如他所愿，而非你想。

要想尊重孩子的五种自由，首先要尊重我们自己的五种自由。人是自私的，无法尊重自己的人，大多也无法尊重他人。所以从现在开始，让我们重新开放五感，专注于自己的感知，抹去思维的纷扰，停下那些无止境的担忧和烦恼。

我们很多人的五感已经失去了曾经的灵动，你的眼睛还有孩子般的清澈吗？当你像一个孩子一样，保持一分好奇和新鲜，去重新感受这个世界，还自己自由，你将如获新生，你与孩子的关系也一定会开启新的篇章。

12

爱可以亲密，但不能无界

曾任北大校长的胡适给孩子写过一封信，我觉得非常有哲理，也非常感人，在这里跟大家分享一下：

我养育你，并非恩情，只是血缘使然的生物本能，所以我既无恩于你，你便无须报答我。反而，我要感谢你，因为有你的参与，我的生命才更加完整。我只是碰巧成为你的父亲，你也只是碰巧成为我的女儿和儿子，我并不是你的前传，你也不是我的续篇。你是独立的个体，是与我不同的灵魂。你并不因我而来，你是因对生命的渴望来。你是自由的，我是爱你的，但我绝不会以爱之名去掌控你的人生。

不知道各位看了以后有什么样的感受？反正我看完以后，是很感动的。

再给大家分享一首纪伯伦的诗《孩子》：

你的儿女，其实不是你的儿女。
他们是生命对于自身渴望而诞生的孩子。
他们借助你来到这世界，却非因你而来。
他们在你身旁，却并不属于你。
你可以给予他们的是你的爱，却不是你的想法，
因为他们有自己的思想。
你可以庇护的是他们的身体，却不是他们的灵魂，
因为他们的灵魂属于明天，属于你做梦也无法到达的明天。
你可以拼尽全力，变得像他们一样，却不要让他们变得和你一样。

因为生命不会后退，也不在过去停留。

你是弓，儿女是从你那里射出的箭。
弓箭手望着未来之路上的箭靶，
他用尽力气将你拉开，使他的箭射得又快又远。
怀着快乐的心情，在弓箭手的手中弯曲吧，
因为他爱一路飞翔的箭，也爱无比稳定的弓。

无论是胡适的信，还是纪伯伦的诗，都在提醒我们：爱可以亲密，但不能无界。

父母对年幼的孩子来说，是绝对的权威者，也正因如此，父母要慎用自己的权力。随着孩子年龄增长，父母的权力应该是递减的。很多家长会误入迷途：从小给孩子太多的命令和指导，不停地帮孩子做选择，不让孩子自己说了算；与此同时，又想培养孩子独立自主的能力，这是个悖论。如果你总是用权威来打压孩子，帮他做选择，随着他长大，他就会懒得动脑思考，经常把"随便"挂在嘴边，甚至丧失独立自主的意识。还有一种情况,是依托父母权力,把自己的梦想强加给孩子,这样的压力会把孩子压垮,不知道自己人生的意义是什么,最后往往与父母形成一种既相互折磨又相互依靠的病态共生关系。

心理学上有个概念叫"弑父"。所谓的"弑父",并不是说要把自己的父亲杀掉,而是从某种意义上来讲,孩子在精神上超越了父亲,或者在某项技能上超越了父亲。它预示着一种独立和自由,预示着孩子已经是一个独立的个体了,已经脱离了父亲对自己行为的操控和精神上的深度影响。

孩子在成人过程中,一定要完成一次"弑父",不然他的人生格局,只能局限在父母的格局里。"弑父"代表这个孩子有独立的人格意志。推倒权威后,才能做自己世界的主人。

最后,送给家长朋友们四句箴言:分享而不教导,邀请而不要求,关怀而不干涉,尊重但不放纵。在与孩子的相处中,时刻守住边界,你们各自的路,会越走越宽,而你们之间的关系,会越发松弛、愉悦、圆满。

第3部分

看清孩子"坏"行为背后的需求

1

如何有效给孩子立规矩

俗话说："没有规矩，不成方圆。"一个国家需要完善健全的法律体系支撑，社会的运行、企业的管理、家庭的和谐，则需要诸多层面的"规矩"来进行调节和约束。往小的层面来说，养育孩子同样离不开规矩。

在家庭内部，建立规则是很重要的，既是对孩子的保护，也是对父母的提醒。良好的规则，也有利于培养孩子从小养成良好的习惯，具备规则感、秩序感。

当然，父母制定一些规则，不能仅要求孩子遵守，自己也要身体力行。**在一些重要的事情上，父母和孩子是同盟关**

系，要一起守护这些规则，若有一方打破规则，另一方就有义务提醒。这也可以避免亲子之间的很多冲突。例如，父母想限制孩子使用电子产品的时间，那就自己也要起到示范作用，可以在孩子不使用电子产品的时候，陪孩子进行一些亲子活动，而不能嘴上限制孩子，自己却堂而皇之地玩起了电子游戏。

曾经有家长和我反馈，自己的孩子缺乏规则感，犯了错误之后，会很快认错，但就是屡教不改。家长们似乎很头疼的是，如何有效给孩子立规矩？

要想搞清楚这个问题，首先要明白的是，什么叫错误？家长认为孩子错了，就一定是孩子错了吗？有些家长习惯用固定思维去判断孩子的行为，甚至在没有了解清楚情况的时候就不分青红皂白地认为孩子错了，这其实是不对的。

当你看到孩子有"出格"行为时，要先克制自己的情绪。首先应该做的，是去了解事情的全貌，聆听孩子的感受，了解孩子做出相关行为的原因，分析孩子的需求。孩子大概率并非有意做出破坏规矩的举动，他可能只是没有意识到后果的严重性，这种情况下，只要和孩子讲清楚就可以了。孩童的内心，大多是向善的。你只需要启发他们内在的良知，促使孩子向好的方向转变即可。

如果孩子的行为和需求确实是危险的、有破坏性的、可能会导致伤人伤己的，这种情况下，父母就要立场坚定地跟孩子约定清楚，哪些事情是越界的，一旦触碰到，父母就有义务严厉提醒。

规矩胜于批评，提醒比吼叫更有爱。 理解孩子行为背后的需求，用温和的方式向孩子阐明规矩的重要性，必要的时候，与孩子一起遵守一些规矩，才是最好的立规矩的方式。

最后，我还要提醒各位父母，**建立规则不等同于凡事越俎代庖。规则的红线，不要卡得太死。** 涉及原则性、安全性的事情，和孩子讲好规则，共同遵守。除此以外，尽量给孩子自由的空间，把自主性还给孩子。

2

孩子爱发脾气，需要管教吗

我在上课、直播的时候，总有一些家长问我：孩子特别喜欢发脾气，管教不行，哄也哄不好，怎么办？

在前面关于"情绪"的章节里，我已经分享过，愤怒有时候也可以是一种正向的能量，它可以用来守护自己的界限，保护自己的身体、内心不受伤害。

当孩子表达愤怒时，你要在第一时间意识到，可能是他的界限被侵犯了，而不是去压制他的愤怒，随后去了解孩子的情绪产生的原因。在这个过程中，孩子的愤怒往往会随着他的表达而逐渐稀释。

例如，当孩子发脾气时，你可以坐下来或者温柔地靠近他，对他说："孩子，发生了什么？是谁侵犯了你的界限？你看起来好生气，来跟爸爸（妈妈）说说是怎么回事。"用温和、理解的态度去和孩子沟通，拉近你们的距离，孩子才会敞开心扉，放下防备，耐心细致地和你描述他经历了什么。

记得在我女儿读小学的时候，有一天放学我去接她，等了二十多分钟才见她黑着脸走出校园。然后我对她说："宝宝看起来好生气哦。和我说说，今天在学校发生了什么事呀？"她听到我这样说，就抱怨了一通英语老师，先是吐槽英语老师占据下课时间，一直拖堂，又怪英语老师言而无信，再次布置了大量的作业，最后说以后再也不上英语课了。

我就静静听她说着，中途并没有打断她，也没有因为她说不上英语课而批评她。待她发泄完情绪之后，我耐心地说道："如果是我的话，我也会很生气，真是太不像话了。你刚刚说以后不上英语课了，是真的吗？嗯……我和你分享一个故事，我有一个客户，他的一些行为令我不太开心，我有点不喜欢他，结果有一天他打电话给我，说他要给我介绍一笔收入可观的生意,你觉得我做还是不做?"我女儿说:"那当然要做啊。"

这时,她的情绪已经稳定下来了,然后她突然间就明白了,说:"哦,我讨厌他归讨厌他,但我一样可以把英语学好!"我说:"哇,我真的很欣赏你,我们不应该因为讨厌某个人,就放弃自己的目标,用别人的错误来惩罚自己。"

你看,孩子可能远比我们想象中还要聪明、易于变通。他们会有情绪,会不高兴,会因为一时的情绪而做出冲动的决定。作为家长的我们,一定要有能力,允许孩子表达愤怒,帮他们守护边界。当你能接住孩子的愤怒,并帮他转化情绪,这就是一次很好的滋养孩子、滋养你们关系的机会。当孩子发泄完情绪,冷静下来之后,他就会更客观地看待问题,做出更理智的决定。

3

孩子爱哭怎么办？

看过本书前面内容的家长应该已经有所了解，哭是孩子发泄负面情绪的一种手段。负面情绪并不完全是坏情绪，情绪也有阴阳两极，悲伤、愤怒为阴，喜悦、宁静为阳，当孩子的负面情绪到达顶点时，通过放声大哭，把积压在心里的不悦冲刷掉，情绪方能转阴为阳，继续生发出向外探索的动力。

所以，**会哭代表孩子能够自主地平衡自己的内在世界，是他进行自愈的一个程序。**作为父母，我们一定要意识到，哭是美好的，这说明你的孩子心理很健康。而且，孩子能在你面前哭，我一定要恭喜你，为什么？因为只有一个人十足信任另一个人时，才会把自己的悲伤无措坦露给对方，这说明你们之间的纽带连接是很紧密的。

在面对孩子的眼泪时，**父母经常会陷入两个误区，一个是"吼"，一个是"哄"。**

有智慧的父母，都懂得一招，叫作"以静制动"。当孩子哭闹时，首先，要给他制造一个相对私密、安静的环境，然后什么都不做，就静静地等着孩子发泄。这个时候，一定不要试图去讲道理，只需要做到陪伴就好，让孩子感受到你的接纳。

当他的情绪发泄之后，你帮他擦擦眼泪，递一口水，先让自己柔软下来，再尝试和孩子建立沟通，问问他难过的原因是什么，有什么需求没有得到满足，**试着带领孩子回溯一遍他刚刚的情绪经历**。这个过程很重要，它可以帮孩子从小就建立对自己情绪的觉察力和掌控力。很多人成年后经常情绪失控，就是因为童年时，没有人引导他们好好认识自己的情绪。

在这个过程中，**孩子感受到了你的支持和同理，等他情绪平复后，便会回馈给你一样的同理心。**孩子想要买更多的玩具、增加看电视玩游戏的时长，这太正常不过了，小孩子嘛，都缺乏自控力，这时候，你不满足他，他一定会哭。不打、不吼，平静应对，但态度要坚决，让孩子知道，哭虽然不能达成目的，但自己依然被父母倾听并理解，下次遇到同样的情况，哭闹的次数就会减少。

还有的家长，孩子一哭，立刻就慌了，什么立场都不重要了，想尽办法去哄，这种情况在隔代养育的家庭里尤其容易发生。

要知道，孩子总归有一日要走出去，接触外面的社会，如果家里人纵容孩子，就会让孩子的性格变得很霸道，一旦进入学校，和他人发生冲突后，他就会发现不是所有人都能对自己百依百顺的，这样的孩子心理上很容易出现问题。

还有一些家长，过度解读了积极养育的含义，孩子遭受一点小挫折，受不了哭了，就赶忙哄劝，帮孩子尽快修复对自己的完美印象。这样做确实能更快止住孩子的哭声，可无形中也把孩子推入了另外的深渊：沉溺在自高自大的幻象中，有朝一日受到外界的打击后，就会立刻陷入自我怀疑的恐惧当中。

所以，面对孩子的哭泣，家长首先不要偷懒，"吼"和"哄"都是简单粗暴的解决方式，老老实实地帮助孩子去应对负面情绪，让他们掌握自我调控情绪的能力，才是身为养育者必须完成的功课。

4

孩子爱撒谎怎么办

一说到撒谎，很多父母就如临大敌，认为孩子的道德品质败坏了。其实，只要能让孩子理解"撒谎是没必要的"，撒谎的理由不存在了，孩子自然就能做一个真实坦诚的人。

首先，我要对父母们说，孩子撒谎，无非有两点原因：一是环境不允许他说真话；二是他知道自己的不足，但又希望满足别人的期待，得到表扬和赞许。

如果你的孩子习惯撒谎，你可以反思一下，一旦他表现了自己真实的、"不好"的一面，家长或老师，是不是总在批评或惩罚他？孩子和你说他不喜欢上学，你骂他一顿：我辛苦赚钱，供你吃喝、上好学校，你不好好学习对得起我吗？于是第二天一早，孩子跟你说，他从今往后一定好好学习。结果过了几天，老师打电话通知你，孩子好几天没来上学了……

再或者，你答应孩子期末考试 90 分以上就带他去旅游，结果孩子考了 85 分，偷偷把分数改一下，回家告诉你，他考了 95 分。

所以说，孩子撒谎，都会有一个源头，很多时候，家长正是导致孩子撒谎的那个"推手"，因为**真实的、不完美的我，是不被接纳的，那我只好用撒谎的方式，来掩盖真实。**

一个孩子"不喜欢上学"，在目前高压的教育环境下，太正常不过了。当孩子向你表达这样的想法时，说明他认为你和他是一个阵营的，和你说真话没有危险，他希望从你这里获取心理支持和解决方案。这时候，负责任的家长一定不会推开孩子，而是会问问孩子是不是最近课业负担重，太累了，是不是在学校遇到了什么事情。**当孩子意识到说真话能收到良性反馈时，还有必要掩饰和撒谎吗？**

此外，我们还要让孩子知道，**搞砸了也没关系，承担后果、面对事实也不是那么可怕的事情**。没能考到 90 分以上，不能去旅游，也不代表假期就完蛋了，父母还是可以带他去博物馆参观、去郊外野营。要让孩子感受到，没有做到完美，爸爸妈妈也还是会一样爱他，一次搞砸了，吸取经验，还有下一次翻盘和获得奖励的机会。

当你发现孩子已经撒谎了，有两件事一定不要做。不要一上来就给孩子定性，贴上"撒谎精"的标签，这只会伤害孩子的自尊心；不要马上拆穿孩子，发泄你的怒火，斥责只会加深你们之间的嫌隙，生出更多谎言。

那什么是更好的解决方式呢？先不带评判地描述事实：你早上和我说你去上学了，但老师告诉我，你今天没有出现在学校；你说你这次考试考了 95 分，我刚刚和老师核实了，其实是 85 分。

只需要让孩子明白，你已经知道他撒谎了，就可以了。小孩子的自尊心都很强，这时你急着去斥责、沟通，收效不大，甚至会引发他们的应激情绪。**不要着急去解决**，学会把矛盾放置一段时间，给孩子自主消化、处理情绪的时间，通常可以缓个一两天。

其实，孩子都是有良知的，撒谎会让他自己心里也不好受，等你们的关系度过尴尬期后，制造一个轻松的氛围，跟孩子敞开心扉聊聊前几天的"撒谎事件"，先给孩子台阶下，再去探讨他是否遇到了什么麻烦，或是有什么需求，你可以提供什么帮助。

人只会和敌对的人撒谎，不会对给予支持的盟友撒谎。所以**请把"撒谎"视作一个信号，它在警告你：孩子不再信任你了**！它同时也是一个契机，有智慧的父母，会给孩子创造说真话的环境，身体力行地告诉孩子：你不必撒谎，做不完美但真实的自己，就很好！

5

"熊孩子"如何养育

"熊孩子"既可以用来形容一些调皮的孩子,用作爱称,又泛指那些暂时没有受到良好的家庭教育、过于调皮而惹人讨厌的孩子。在当今的网络语境下,多取后者所指语意。"熊孩子"的行为产生的影响可大可小,往小了说,可能是打扰别人;往大了说,甚至会侵犯、伤害到他人,更甚者具备反社会人格。

那么,原本良善、纯洁、不具备成熟观念和行为的孩子,是何以发展为令人皱眉避而远之的"熊孩子"的呢?这与父母的教育有很大的关系。

有些孩子，特别是男孩子，能量非常足，非常外放。调皮捣蛋，和同龄孩子小打小闹，都是再正常不过的事。家长只需要稍加引导，通过运动、户外探索等形式，帮他把过多的能量释放掉即可，不必过度紧张，去打压孩子的天性。

　　如果孩子不听话了、有点吵闹了，家长就视其为"熊孩子"，一味打压、责骂，这样的孩子，他的大量情绪、感受，无法表达、释放，时间久了，能量对内的就会躺平、抑郁，能量对外的，捣蛋的本事升级，有可能伤人伤己。

　　如何避免？其实，**没有熊孩子，只有熊家长。问题的根源在于有些家长无法同理孩子的情绪，帮助孩子正确释放情绪。再深究下去，就是家长没有做好自己情绪的功课。**家长作为成年人，自己表达情绪的方式都有问题，更遑论正确引导年幼的孩子了。

　　教育专家尹建莉在一次访谈中曾表明："如果真有一类孩子是'熊孩子'，产生原因是两个：第一，被错误评价；第二，被改造和扭曲。同样是孩子把电视遥控器扔进鱼缸，我认为这是孩子在探索，在尝试，他在努力建立自己和世界的连接，分辨自己和外界的关系，所以我觉得这样的孩子是天才。而你认为遥控器只能开电视，不能扔进鱼缸，如果扔了，就是熊孩子，就得教训他。所以评价不一样，孩子当然变得不一样。"

可能有些家长无法接受上述观点，会认为这是在放纵孩子的行为，溺爱孩子，其实不然。尹建莉强调的是让孩子释放内心的需求，让孩子没有匮乏感，不压抑孩子的内心。如果家长不能明辨孩子的需求，孩子的情绪无处释放，反而会做一些真正出格的事。

我们现在的部分父母，有一个很大的误区，是喜欢用"乖"或"不乖"来评价孩子。我在前面"沟通"的部分分享过，父母与孩子的沟通，一定要基于事实，在事实的基础上表达感受。你看到孩子做了一件危险的事、糟糕的事，只告诉他"不对、不可以、你这样做是很坏的"，孩子其实是不知道下一次发生了同样的事，他应该如何应对的。

只有当你告诉孩子，他做了一件什么事情，你的感受是什么，给别人带来的影响是什么，他才会明白，下一次应该朝哪个方向去发展。

所以，父母在和孩子相处的过程中，适当地宽容对待孩子的调皮、任性，尊重孩子天马行空的行为，再辅以正确的示范、引导，会让孩子的情绪、能量得以释放，也更容易让孩子养成边界感、分寸感，孩子会通过一些亲身体验明白什么是能做的，什么是不能做的，这样当他在公众场合的时候，反而会表现得更好。而对于孩子一些严重侵犯他人的错误行为，则要予以及时的关注，用恰当的方式方法加以引导。

6

孩子叛逆，
是没有被赋予长大的权利

处于青春期的孩子，经常会被贴上"叛逆"的标签。

以我个人之见，不是很赞同所谓的"叛逆"一说。我们是否听过有人说自己的父母叛逆？显然是没有的。那么为什么经常听到有人说青少年叛逆呢？其实可以从两方面来看待这个问题。

叛逆的第一重根源，是家长想要控制孩子，孩子的自主权因此受到打压，表现出来就是"不听话""和父母对着干"。

处于襁褓时期的孩子，父母对其拥有 100% 的控制权，因为资源都在父母那里，孩子的吃喝拉撒睡，都需要父母照顾。然而随着年龄的增长，这种依赖会逐渐减轻，尤其是在十二三岁的阶段，除了物质层面的依赖，其他方面，孩子开始有了独立处理的能力。

有些父母习惯了利用手上的资源去掌控孩子，甚至强迫孩子去做一些他不愿意做的事情。可是当孩子有了自由意志的时候，他就会感受到被打压，于是内心生出了反抗的念头，父母便会认为，这是孩子进入了叛逆期。

进入青春期的孩子，很少会再按照父母的期待行事。他们想要为自己的人生做主，所以经常会呈现这样的状况：你让他往东，他偏要往西；为了坚持自己的原则，他会和你顶嘴，和你对着干，关起门来拒绝沟通……于是父母就会给孩子贴上叛逆的标签。

所以针对这样的"叛逆"，家长首先要转变认知，要改变的不是孩子，而是自己。"叛逆"是因为长久以来，孩子没被允许做真正的自己，说明他想要挣脱别人的期待，依照自己的主见行事。

叛逆的另一重根源，是父母对孩子缺乏同理心，看不到孩子的情感需求，导致孩子有被漠视的感觉，"叛逆"其实是孩子发出的信号，以此汲取他人的情感关怀。

分享一个我成长过程中的故事。初三时，班里有个女同学给我递字条，并在我生日那天送给我一个相册，上面写了一句话："智勇，祝贺你满14岁了，愿鲜花为你铺路，愿朝霞为你沐浴。"多美的祝福呀！因为我12岁的时候父亲去世，我母亲又比较强势，她也处在巨大的悲伤中，并没有精力来爱我，所以那时候我的心灵是一片荒芜。突然有一个女孩子对我这么好，我的心悸动了，觉得我得到了关爱，内心感受到了滋养和认同。我现在回想起来都是十分感恩的，然而这样的行为被我的母亲定性为叛逆了、学坏了、早恋了，回家就用竹子对待，把我腿上打得一条一条的，后来她亲自跑到那个女孩子家里去，直接跟对方的爸妈告状，让女孩也遭到了一顿暴揍。

我现在回想起那一段经历，都觉得自己很可怜，那时我唯一感受到爱的一条通道被彻底封死了。很多孩子各种所谓的不被接纳的行为背后是他的需求没有得到满足。你要想让一个孩子的行为做出调整，做出改变，那么首先要理解他的情感、他的需求，然后有机会再跟他分享你的人生，去发出你的邀请，去影响他的行为。所以必须是先通情而后达理，然而通情就需要为人父母者具备强烈的同理心。

无论是在为人父母的过程中，还是在与他人沟通交流的过程中，同理心都非常重要。为什么我们在人际关系方面的问题越来越多？就是因为我们的同理心越来越少，大家都无法理解对方的感受，而只想活在自己的世界里。所以如果你想帮助处于叛逆期的孩子，请记得先训练自己的同理心。

7

孩子不爱收拾怎么办

很多家长，看到孩子总是乱丢东西，没有秩序感，就觉得孩子出了大问题，想尽办法要纠正过来。不错，整洁干净是优点，但不爱收拾整理，就是天大的缺点了吗？

我总强调一个观念，我们人其实没有优缺点之分，有的只是特点。当我们看到孩子的气质秉性、某个行为不符合自己的期待时，先别急着去纠正。就拿不爱整理这点来说，从另一方面来看，也能说明孩子不喜欢被秩序感约束，不喜欢延续老样子，这样的人往往具备发散性思维，更有想象力和创造力。

孩子爱不爱整理，是他自己的事情，你可以不去横加干涉，只要他自己不觉得不舒服就行。但边界感，涉及他人的感受和利益，不论是大人还是孩子，都不能越界。一些公共空间，比如家里的客厅，就不属于孩子的私人领地了，如果孩子还是一味地乱扔乱丢，就会影响到全家人的感受。

怎么让孩子意识到自己的问题并修正行为呢？我们还是从心理学和人性根源上找解决思路。没有一个人来到世界上是为了让别人不舒服的，但我们在与他人产生交集的时候，发现自己的言行让对方不舒服了，就会自动往后撤一点，这是人性中自带的"良善基因"，而其中起作用的就是良知。

致良知的方法其实非常朴素，就是针对他人的言行，我们只需要把自己觉知到的感受，不带评判地反馈给对方就好，只陈述事实和我们的感受，激发对方产生良知，自动去校正自己的行为。

孩子放学回到家里，书包乱扔、果皮乱丢，没几分钟就把家里搞得乱七八糟，让你觉得很不舒服，这时，你只需要描述孩子具体而真实的行为："我看到你把果皮扔在地上，书包扔在地上，这让我感到有些烦躁，因为我工作了一天也很累，现在还要去做饭，吃完饭我还想做些自己的事情，但现在我没办法做了，因为还要帮你收拾东西，除了烦躁我还有些失望，因为我已经和你表达过很多次，但我依然没看到你有所调整。"

当你这样跟孩子表达之后，孩子接收到的信号就不是被批评了，而是你需要他的协助，他底层的良知就会被激发出来，他可能会对你表示抱歉，然后把自己的物品收拾好。可如果你带着批判和强烈的谴责去沟通，既没有表达感受，也没有讲事实，孩子就会开始对抗："我又没有让你管，你好烦！"矛盾就会升级。这样的方式，就不是致良知了，而是会把一个人内心的恶激发出来。每个人都时刻想要守护自己的边界，这同样是人性使然。

其实，在与孩子相处时，父母只需要时刻牢记一点，孩子与你本就不是一体的，他是独立的个体。当你带着这样的觉知，用平等的态度云邀请孩子参与到共同事项中，你会发现，很多问题都迎刃而解，你和孩子的关系，也会就此转变为彼此成就。

8

孩子沉迷手机,真的那么可怕吗

信息化时代,我们每个人都不可避免地被裹挟进这场洪流中,不断推陈出新、更新换代的电子产品在方方面面影响、改变着我们的生活。手机便是诸多电子产品中使用最为广泛的一个,不仅成年人离不开手机,就连孩子也越来越脱离不了手机。

科学、合理地使用手机,确实是一种获取信息、丰富生活、便利工作的有效途径;但是,无论是成年人还是孩子,长期沉迷于手机,就另当别论了。尤其对于自控力较弱的孩子来说,很容易使用上瘾。于是更多家长会采用一些强制的手段干预孩子使用手机。这种做法其实是欠妥的。

孩子沉迷于手机有多种原因。首先，很多游戏、应用是根据上瘾机制进行设计的，就是希望提高用户的使用率，再加上有关部门对软件的监管力度不够，就导致孩子容易沉迷其中；其次，孩子可能在现实生活中遭受了太多的批判，或者在现实生活中交不到朋友，而他在手机上可以获得一定的成就感；最后，有些孩子沉迷于手机，是因为父母没有提供良好的陪伴，未创造温馨的亲子沟通环境，久而久之，孩子就对手机产生了依赖。

所以，分析清楚孩子沉迷于手机的原因，对症下药，方是良策。

父母首先要摆脱"手机恐惧症"。 信息化时代，使用手机是学习、生活中很正常的、必不可少的需求。孩子通过手机学习知识、拓宽视野，甚至交友，都是有益处的。而且总采取隔离措施，等到孩子稍微有一点自主权，进入初高中后，他可能会报复性地寻求满足，比如通宵浏览视频、打游戏等。

看清"手机有毒"本身就是伪命题之后，**家长就要搞清楚自己担忧背后的深层次原因是什么。**是担心孩子的眼睛？还是担心他沉溺于游戏？其实这些都是有解决办法的。比如，**可以和孩子商讨使用手机的规则，家长进行必要的监督和提醒。**

在我家，我跟我女儿商讨的使用手机的规则是，每人每天最多只能玩 2 个小时手机，晚上睡觉时，手机只能放在客厅，不能带进卧室。当然，在执行过程中，我也会适当保持一点弹性和人情味。看到她玩手机的时间快到了，我会提醒她，让她做好心理准备。

有的时候，她也会违反规定，超时了还在玩，我就会问她，大概还需要玩多久。她要是回答 10 分钟，我也会严厉地告诉她，不行。她就说，5 分钟。我通常也会妥协。她感受到我的坚持和适当让步，通常 5 分钟后，她就会自觉放下手机。

此外，任何事情都是一体两面的。玩手机会让孩子体验到快乐和兴奋，可同样也会让他们体验到因此而耽误学习所产生的痛苦和内疚。孩子在这种情绪切换中，也会生出相应的觉察力来。**带着这样的觉察，再去玩手机的时候，心里就会慢慢建立起一道警戒线，自律和自控的能力，其实就是这么来的。**

如果你的孩子已经手机不离身，你怎么建立规则，他都不听，这种情况下，责骂、讲道理都已经失效了。你首先要做的不是责怪，而是思考，平日里是否对孩子的批判太多？陪伴是否不到位？他的交友环境是不是不够友好？多从这些方面去找找原因。

9

你眼中孩子的错未必是错

为人父母，我们都不是圣人，也是初次扮演父母的角色，难免有做得不好的地方，难免会犯错。但是我们无须太过自责，适当地宽容自己，才能更好地成长。

既然我们可以宽容自己，那么对待孩子也是同理。当你认为孩子犯错了，首先要做的不是劈头盖脸地谴责孩子，而是全方位、多角度、深层次地了解事情的面貌，然后再决定如何处理事情。

因为倘若你不了解真相就去责怪孩子，会导致孩子没有明确的是非观念，甚至会导致孩子养成讨好型人格，在很多方面都十分自卑，生怕自己的一举一动令他人不悦，长期压抑下来，不利于孩子的心理健康，甚至可能埋下一些情绪、心理方面的隐患。

所谓的孩子犯错其实只是我们成年人先入为主的一种评价。**很多事情严格来讲，是没有对错的，我们成年人以自己的满意程度为标准来做判断，令自己满意就是对的，令自己不满就是错的，仅此而已。**你认为是错了，孩子就一定错了吗？孩子也有自己的评判标准啊。

所以，我向来是不主张惩罚孩子的。我们惩罚孩子的前提和资格是什么？因为我们比孩子个子高大？因为我们手上掌握了更多的资源？**不论出于何种原因，惩罚孩子，只会让其内心充满恐惧，和父母的关系渐行渐远。**

这一章，我列举了一些平日让家长们感到头疼的、孩子的所谓"坏"的行为。但其实在我看来，**孩子表面行为的不当，都源自内心的正常的需求没有被看见，没有被释放。**

孩子的每一种需求都没有错。你可以不满足他的一个需求，但你不能去否定这个需求。正确的做法是，告诉孩子你知道他有这个需求，但你目前无法达成，原因是什么。孩子的心都是很柔软的，对父母的爱是不掺杂质的，当你完全向他敞开时，他也一定能够理解你。

如果你总是否定孩子的需求，这种被否定的经验，就会深深刻进他的生命体验里，随时提醒他：你不配提出自己的需求。一个无法表达自己需求、捍卫自己需求的人，他在这个社会上该怎么去竞争啊！

而那些需求没有被否定过的孩子，将来到社会上就比较容易获取资源，因为他们没有不配得感。 只有当孩子过去被压抑的情绪尽情释放后，他们内心"要"的能力才能被重新激发出来。

与其急着去批判孩子的"坏"，纠正孩子的行为，更重要的，是去看看孩子有多少自我压抑的、被隐藏起来的情绪和需求。把问题暂时搁置一下吧，等你和孩子的心重新紧紧联结在一起后，你会发现，那些曾经令你头疼不已的问题，早已不知不觉间悄悄瓦解。

第 4 部分

帮孩子走出内心困境

1

孩子胆小、敏感怎么办

敏感、胆小的孩子,往往有很强势的家长。在现实生活中,你有没有发现,当你越是着急想要改变孩子身上的某个特点时,这个特点往往会被强化。当你发现你的孩子胆小、敏感,想通过批评、指责、说教、威胁改变他的这个特点时,孩子会感到害怕、紧张,这反而会加深他的胆小和敏感,给他打上更深的性格烙印。

生养孩子就像种一棵苹果树,由于你的种植技术还不是很熟练,所以可能会犯一些错误,最终结出来的苹果没有那么完美,表面有一点瑕疵。如果这时候你非常想要去掉这个瑕疵，拿起刀去刮，结果越刮瑕疵反而越大。这时最好的做法是：承认那个瑕疵的存在，总结过去的经验教训，提高自己的种植技术，来年再精心养护苹果树，新结出的果实品质必然会有明显的提高。

这叫种新的因，结新的果。

我们现在所看到的果都是我们过去种下的因导致的，所以我们只是在结果上下功夫是无济于事的。所谓"凡人畏果，菩萨畏因"，就是这个道理。我们所谓孩子的"问题"，就像苹果上的瑕疵，有一部分是原生家庭的环境、父母的养育方法出了问题所导致的。想要纠正问题，要从教育方式入手。

当你发现你的孩子胆小、敏感时，最好的应对方式是：允许和接纳孩子的这一特点。

是的，这只是孩子的一个特点，并不是缺点，在此基础上，同理他的感受，才能反向推动孩子变得勇敢、积极。这在心理学上叫作"改变的悖论"。简单来说就是，当你铆着劲，努力想要改变的时候，改变不会真的发生；当你放弃想要改变这个执念，顺其自然时，改变反而可能会悄然发生。

我还想告诉大家的是：每个人的内心都渴望完美，但世界上原本就没有完美的孩子，正如没有完美的父母一般。接纳自己的不完美，并且学习接纳别人的不完美，我们才可能有完美的关系。

家长们不要被一些绝对的育儿方法所绑架，每个孩子有属于自己的性格、气质和成长规律，去看清孩子真正的需求，奠定他生命底层的安全感，孩子的身心才不容易出问题。

2

总和孩子说"不要怕",
后果很严重

人类,甚至说动物,都有一个特点,就是当周边有危险来临的时候,会自然地觉察到,有一股能量会在体内自然而然地升起,这股能量就叫恐惧。

儒家学说里面讲:"君子不立危墙之下。"

什么叫君子?有智慧的人。

他不会站在一堵快要倒塌的墙下面,这意味着什么?他没有失去跟恐惧的连接。

当危险来临时,正常人都会感到害怕,在恐惧的驱动下,寻找规避危险的方法。恐惧能帮助人保护自己,避开危险。

换言之，恐惧是让人保命的力量。

可是很有意思的是，我们从小所接受的教育里有一句话叫：不要怕。怕是一股情绪，你说不怕就不怕了吗？很多孩子说："妈妈，我不想睡隔壁，我怕。""这有什么好怕的？""妈妈，打雷我怕。""这什么好怕的？""妈妈，放炮我怕。""这有什么好怕的？"

很多家长在"恐惧"的认知上有很大的问题。当人们不了解恐惧这种能量的时候，会产生两种可能的结果。

一是从此以后不再害怕，跟恐惧失去连接。恐惧就好比痛觉，人感觉到疼痛才会远离危险，保护自己免受伤害。罹患痛觉缺失症的人，经常会在玩耍中划伤皮肤、扭伤四肢，甚至火烧到身上也没有什么感觉。跟恐惧失去连接的人感受不到危险的来临，天不怕地不怕，这大多源于小时候父母的暗示"不要怕，不要怕"。持续不断、日积月累的暗示最终导致他完全屏蔽了自己的恐惧。面对凶神恶煞的人，他不会远离；朝不保夕之时，他不会脱身。

二是在没有危险的情况下也会害怕。如果一个孩子从小恐惧情绪就被不停地打压，心里压抑了非常多的恐惧，长大之后，只要与过往被打压的恐惧情绪略有关联的事情发生，哪怕这件事情根本没有危险，他也会感到害怕。恐惧频发而不受自己控制的现象，就叫恐惧症。站在安装有齐胸护栏的楼上，正常人是不会害怕的，可是有恐高症的人站在护栏边上，只要往下看一眼，就开始腿发抖、心跳加快、脸发白，心惊肉跳。此时并没有真正的危险，是很安全的，但他却感到非常害怕。有的人只要在一个黑暗的地方就会害怕，这是恐黑症；有的人只要看到毛茸茸的东西就害怕，这是毛绒恐惧症；有的人只要站在空旷的地方就会害怕，这是广场恐惧症。这些大大小小的恐惧症都是从小恐惧的情绪没有得到正确的接纳和允许所导致的。

人的恐惧是流动的，如果你不去压抑孩子的恐惧，那么他自然能够随时地感知到来自大自然或者他人的危险，继而主动地躲避危险，而一旦危险解除，恐惧的感觉也会慢慢消退。他就不会朝上运两个极端发展。

当孩子有恐惧情绪升起时，父母最好的做法是直接告诉孩子："宝贝，我知道你正在害怕，我知道你真的很害怕，我在这里，妈妈（爸爸）在这里陪着你。"

带着同理心对孩子表达自己的关切和在乎，并支持孩子去经历恐惧的情绪，这比起对孩子讲"不要害怕"或者"有什么好怕的"更能滋养孩子，孩子在经历恐惧后才能渐渐找到自己心中的勇气。

同理、陪伴和接纳，在一个孩子的成长过程中尤为重要。

3

孩子抑郁、自残的心理根源是什么

在现实生活中，我们常常想用自己的感觉、想法和标准来要求和改变身边的人。而且越是爱他，就越是如此。因为我们相信那些都是对的，都是为了他好，而对方往往不以为然，所以就产生了矛盾冲突。

现在有这么多患有抑郁症或其他心理疾病的孩子，有一个很重要的原因就是，孩子自然生长的规律被一次又一次地破坏。我们太想把孩子的人生控制在一个理想的状态上，不允许他有错误的选择、离经叛道的思想，以及难过、悲伤、沮丧、恐惧等负面情绪，不允许他表现出哪怕丝毫的退缩和颓废。于是我们就慢慢地把一朵充满生命力的花变成了一朵塑料花。

鲜花和塑料花的最大区别是什么？一个有生命，一个没有生命。尽管塑料花可以长期开放，可以永远鲜艳，可是生命的本质不是这样的。一朵花，从形成花蕾，到逐渐开放，再到盛开，最后开始枯萎和凋谢，每一朵花都有自己的成长轨迹，有独属自身的姿态。

一个孩子在人生的不同阶段，遇到各种各样的事情，也会呈现出不同的状态。**如果我们清楚了生命的本质就是这样，我们就不会强求让孩子保持在盛开的状态，本来是一棵小草，而非要把他教导成一棵大树。**永远一百分，永远开心，永远积极，永远向上，这怎么可能？这是违背自然规律的，结果只能与我们的想法背道而驰。

很多孩子会在这个过程中不断自我否定、自我批判，活得痛苦。找不到人生的方向，就有种"白活了"的感觉。而为了找到自己的存在感，只能做点糟蹋自己的事情，用这种方式证明"我曾为自己做出过选择"，**哪怕是自我伤害，也**

比不曾做出过选择的感觉要好。这便是很多孩子抑郁、自残的心理根源。

当一个人发现怎么做都是错的时候,就很容易出现心理问题。父母应当允许孩子持有自己的价值观,并允许他们根据自己的价值观,自由地感觉、感受、思考和选择,这样才会激发孩子的内在能量,培养独立、完整的人格。

如果你爱一个人,应当是爱他本来的样子,而不是自己所祈愿的样子。如果把孩子比喻成一朵花,你希望孩子是哪一种花?是一朵永不凋谢的塑料花,还是一朵自然生长的、有各种状态的、真实的、有生命力的鲜花?

4
效率崇拜，对孩子的伤害有多深

如今的时代是一个物质极大丰富，崇尚效率和利益的时代。这在给社会带来积极影响的同时，也正在对人际关系造成隐形的破坏。

首先伤害的就是亲子关系，因为孩子认为他在你心目中没有钱那么重要。这是很多孩子内心自我价值感低的一个很重要的原因。"对不起啊，宝贝，妈妈有个会议，所以现在没办法陪你。""对不起啊，宝贝，今天爸爸又要出差了，所以没有办法陪你。"这种情况如果偶尔出现一两次，孩子会觉得那是正常的，可是如果你常年都处在这样一个状态，他就会慢慢产生这样的理解：对于爸爸妈妈来说，事业、前途和挣钱比陪伴我重要多了。

如果缺少父母的陪伴、照顾和正确的价值观引导，那么孩子即便拥有丰富的物质生活，他的内心都是有空缺的。这是现在很多孩子产生心理问题的原因之一。

现在很多的孩子内心是漂浮着的，没有根基。因为他们在学校里接受的教育是，只要成绩好，就是个好孩子；而社会灌输给他们的观念是，只要有钱，就叫成功。快乐、喜悦、平和，以及怎样好好地生活，这些东西已经被遗忘了。

很多人觉得只要自己做不了某些事，就没有价值了；很多人觉得自己要是没有钱，不具备某种水平的物质条件，就什么都不是；很多人觉得自己要是不能成为什么样的人，就什么都不是。这样的人就很可怜，因为你拥有的终究会失去，你当年能做的事情终有一天会做不了，你除了成为自己什么也成为不了。

想要改变这一点，让你的孩子不仅仅成为一个传统意义上的"好孩子",去随波逐流地追逐世俗意义上的成功,第一步就是帮助他认识他自己。

他喜欢什么?厌恶什么?让他感到兴奋的是什么?让他感到恐惧的又是什么?帮助他探索自己的内在,因为只有了解自己,他才知道自己想去哪里,能去哪里。找到方向感非常重要,先认识自己,再找到方向感。支持孩子在他擅长的领域内持续地发力,去积累。他自然在某一天,在某个领域就会有所成就。

当然,这个成就或大或小,根据个人的机遇和能力会有所不同,但是那不重要,不要把成就当成唯一的目标。引导孩子好好地享受过程,哪怕这个过程是痛苦的。即便没有获得较大的物质成就,得到人人羡慕、尊敬的地位,**在过程中觉得自己有价值,也是一种自信的体现。**

在金钱至上的社会中,大家都是浮躁的,想要马上获得成功,把所有的目光都投向那些已经在社会上大放光彩的人。但是我们却选择性地忽略了,每一个成功人士的背后,其实都有很深的积淀。所以年轻人一踏上社会,不要先想着要赚多少钱,要拥有多大的房子、多好的车子。教育小孩亦如是,不要过早地给他灌输一些所谓的成功学的理念。不要让金钱至上的价值观腐蚀了自己,再去腐蚀我们的下一代。

5

孩子很焦虑，怎么办？

很多父母第一次来参加我的课程，刚一见到我，就和我说，他们感到很后悔。

仔细询问才知道，他们的孩子，沟通的时候很冷淡，对什么都提不起兴趣的样子，有些本来成绩很好，忽然一落千丈，父母一开始只是干着急或者数落孩子，直到孩子出现了一些躯体化症状，头疼、胃疼、心慌心悸，家长才带着去医院，一顿检查后，化验单上显示什么毛病都没有，又觉得是孩子在装病，于是又开始数落孩子，直到有一天，在心理门诊查出孩子患了焦虑障碍或抑郁症，才追悔莫及……

这些父母，抛开他们的孩子不说，据我观察，他们普遍有两点相似之处：自己本身很焦虑，内耗严重；对自己高要求，同时对孩子期待值很高。

我非常想对这样的家长说，年幼的孩子，心智是不成熟的，他们是通过父母的情绪来感知世界、感知自己的。**模仿是孩童的天性，他们的未来，是经由父母的语言、行为、情绪来塑造的。**

因此，一个总是感到焦虑不安的孩子，一定有一个脾气暴躁或是时常在家里播撒"焦虑因子"的爸爸或妈妈。情绪都是会传染的，尤其是负面情绪。反思一下，你是不是会经常在家里饭桌上吐槽工作，又或者加班回到家、做家务时，看到自己的另一半闲着，就忍不住讥讽埋怨？如果是的话，你就要小心了，因为你在发泄负面情绪的同时，也无差别扫射到了孩子的心上，让他背负了沉重的情绪枷锁。

还有一种情况是，父母很想为孩子排解压力，呈现出的却是负面效应。孩子要挑战攀岩，一边跟他说"不怕不怕"，一边紧张地攥着他的手；孩子明天要考试,想给他加油打气,于是说"我相信你一定可以考得很棒"。这种表面上的关爱,混杂着紧张感和压迫感,造成了"焦虑的逆向传导"。本来是想要鼓励孩子,却无形中强化了孩子"弱小、不行"的自我认知,让他的内心更焦虑了。

提醒各位父母,我们在与孩子沟通时,除了口头表达的言语,也要注意"潜台词"所传导出的情绪信息。而且,孩子很多时候是以你为社会参照物的,当你在面对困难和挑战时,表现出的是从容、自信,孩子也会不自觉地被你的正面情绪所感染,成长为一个淡定、内心强大的人。

说到这里,孩子产生焦虑情绪都是大人的错吗？也不是的。有些孩子,天生是"高敏感"类型,他们对外界的变化,反应过于灵敏,面对不确定、有压力的事情,很容易感到焦虑、恐慌,这就非常考验家长的养育方式了。

既然孩子无法自行消化压力,那就请父母多多充当"解压器"的角色,帮孩子把负能量中转、过滤掉。

首先，父母一定要全身心地去倾听孩子，同理孩子的内心感受，因为不论大人还是小孩，只要自己内心压抑的情绪能被另一个人听到，并且他是带着足够的善意和包容来倾听的，这本身就足够释放大部分的焦虑了。

如果孩子不愿意沟通，或者难以表达清楚自己的感受，该怎么办？**你可以用开放式提问来引导孩子梳理清楚内心情绪的来龙去脉。**

比如，孩子马上要考试了，你发现他接连几天都入睡困难，翻来覆去好久都睡不着，不要直接问："是不是考试让你觉得压力很大啊？"换个角度，或者问得更具体一些："我看你最近数学作业做得有些慢，这次考试是不是数学这科压力有点大呢？没关系，你上来先做最后的应用题，把自己会的先做了，把高分值的题先搞定。其他题，尽量保证会的写对就行。考不好也没关系，咱们之后再慢慢复盘，把学得不扎实的知识再巩固一下。一次考试而已，不能决定人生嘛……"帮孩子看清焦虑的源头是什么，就有可能化解焦虑。

有些人对结果的执念太深，也会导致焦虑过多，这在成人身上也很常见。而对于一个"高敏"的孩子来说，结果的不确定性，加上外界和内心各种声音的干扰，会让他无法专注于当下，思前想后，顾虑太多，生出很多的苦恼和焦躁。**作为父母，要更有意识地去引导孩子，着力于过程，而不是结果。**观察孩子的行动，更多地去表扬他的努力、他对一件事本身的投入，而不是更多地去评判结果，孩子的注意力就会自动从"执着于焦虑本身"转变为"执着于过程和当下"。

我也总是建议父母们，多带孩子接触大自然、多运动。焦虑是一团"凝固态"的情绪，有点像积攒了大量负面气压的云团，有时很难进行自我分解，而自然界里的阳光、微风，运动时身体产生的动能，都是能有效驱散心里阴霾的外部推动力。总是在外面跑跑跳跳的孩子，情志通常都比较通达，遇到负面情绪、心理障碍，也能很快走出来。

6

孩子"躺平"了,该如何应对

"六根清净方为道,退步原来是向前。"这句诗来自唐代高僧布袋和尚的《插秧诗》。插秧看起来是一直在往后退,但是在往后退的同时,秧苗已经被插进田里了。

联想到现今的很多孩子,当他想要停学、休学,当他想要"躺平",当他整日只想睡觉时,很多父母会因此感到愤怒、无奈,认为这孩子"废"了。但实际上,正如高僧所说的,"退步原来是向前",孩子偶尔出现的消极、懒散的状态,看起来是退,实际上有可能是进。

人生总会出现一些低谷,我们大人也一样,**我们都需**

要休息，需要休整，允许自己退步，允许自己有些时候懈怠，进而从中去找到下一次前行的力量。 现在的小孩和我们这代人相比，尽管享有更优渥的生活，但不得不承认他们同时也面临着更大的成长压力——来自学校的，来自父母的，来自社会的，来自同辈的。持续的紧张很容易将他们的能量耗尽，所以我们也要允许孩子有些时候停止不前，甚至是后退的，是散漫的、放松的。

这到底算是一种退步还是向前呢？

道家特别强调无为，什么叫无为？无为的目的又是什么？

道家的无为是指：清净虚无，顺应自然，不抱强烈的企图心。休息、放松就是一种无为。无为是为了更好地有为。一个人没有放松，一直紧张地学习、工作，迟早会被累垮。孔子所说的"一张一弛，文武之道也"，讲的也是这个道理。

人生有时候就是要留出一些空间来，让自己去做一些看起来好像是在退步的事情，好像是什么意义都没有的事情，不必时刻追求进步和有意义。

低谷是上天赐给我们的假期。孩子偶尔的懈怠和躺平，是在积蓄能量。**催促孩子不停地向前，才有可能让他真的崩坏，难以修复。**因此正确地去看待"躺平"是很有必要的，不必给自己和孩子施加额外的压力。

此外，还有一种情况要引起父母的重视，当孩子对什么事都提不起兴趣，表现出"无所谓"的态度时，说明他给自己的心穿上了盔甲。虽然看上去，他还在按部就班地学习、生活，一切如常，但实际上，这已经是躺平或抑郁的前兆了。

"无所谓"是为了保护自己免受心理伤害的应激反应。当孩子的需求、情绪总是遭到父母的拒绝、打压，久而久之，孩子不知如何应对，就会呈现"无所谓"的态度，让自己的意识和身体分离，从而避免伤害，但也隔绝了自己和真实环境，无法活在当下，仿佛灵魂和思想被抽空了一样。

如果是这种类型的躺平，父母就要先柔软下来，重新建立与孩子的有效联结，帮孩子打开心门，释放悲伤、压抑的情绪。比如，可以试着先以写信的方式与孩子交流。当孩子感受到你用心递过来的关怀与柔软时，他内心的湖面就会重现涟漪，一点点恢复生机。

7

警惕孩子被"太自律"反噬

我做家庭教育这么多年,收到父母们提出频率最高的两个问题就是:"我的孩子做什么都是磨磨蹭蹭,需要催促,怎么办?""我的孩子一说学习、写作业就头大,怎么才能让他主动爱上学习呢?"

在我看来,这其实是同一个问题,或者说,它们归属于同一个动力系统:自律—自驱。

很多家长会认为,自律是被调教、被管理出来的,于是给孩子弄了一大堆计划表、时间表,逼迫着孩子去执行,这样做的后果只能是两败俱伤,孩子和你都感到心累,还磨损了亲子关系。为什么?因为**人性本身就是反自律的。**

如何才能让孩子主动去做事呢？我们先要搞明白人的动力系统是怎样运作的。所有来自他人的规劝、学校和社会的规则规定，是外部驱动力；而内心萌生出的"我要""我热爱"的念头是内在驱动力。外部驱动力有作用吗？有一定约束力，但执行起来会很累。所以**人真正的自律，只能出于内驱，而不是服从。**

在孩子比较小的时候，父母更多是"引导者"的角色，我们要帮助孩子建立起一定的是非观、养成好的习惯，让孩子知道，什么是好的、正确的事情。刷牙刷够两分钟，保护好自己的牙齿和身体，是好事；去幼儿园学知识、交朋友，是好事。**孩子到了6岁以后，父母的角色就要转变为"陪伴者"。**这时候的他，已经形成了基本的是非观和自主意识，父母再想凡事主导，通常会走向两个极端：要么孩子事事依赖于父母，反正父母会为他兜底，他不需要自己去规划和承担后果；要么就是激起孩子的反抗情绪，和父母对着干。

怎么做好陪伴型父母？我在这里传授给各位父母两个办法：**一个是撒手不管；一个是成为孩子的"队友"。**

什么事情可以撒手呢？孩子能自己承担后果的事。从现在开始，让孩子自己起床，你不再喊他，也不再帮他收拾书包，迟到个一两次，忘带书本被老师批评一两次，他从今往后就会自己定闹钟起床，自己把出门要带的物品收拾好。

如何成为孩子的"队友"呢？从现在开始，不再盯着孩子写作业。他写他的，你也不要拿着手机在一旁玩儿，你也看书，或趁机逼着自己学一门新的技能。双方约定好，今天要做哪些功课，看谁能先完成。遇到想偷懒的情况或解不开的难题时，就帮着对方想解决方案。孩子打游戏上瘾，你就陪他一起玩，认他当大哥，让他带带你，玩个两天，孩子就把你当自己人了，这时候你再和他商量："大哥，咱们今天玩×关，过了就不练了，你看怎么样？"孩子至少在心理上不会再抵触你的建议，自己人，怎么都好商量嘛。

你帮孩子建立起正确的是非观、习惯后，再慢慢从主导孩子人生的位置上撤下来，变成孩子的同盟军、欣赏者，而这个过程，其实也伴随着孩子的动力系统更多由外部驱动，转变为内部驱动。

当他从好的习惯中收获好的结果，品尝到由自己主导的人生的滋味，摘得了甜美的果实后，他就会积极主动地去强化自己的内驱力，这就形成了一个"由自驱，到自律"正向循环的轮转。一旦孩子体内自发形成这个轮转，就说明他已经掌控了自己的人生主动权，活出了生命的内在动力。

8

提高孩子的自驱力，需要"润滑剂"

两千多年前，子禽问墨子："多言有益乎？"墨子说："……多言何益？唯其言之时也。"

受应试教育的影响，许多中小学校一切以学习成绩为重，轻视德育、体育和美育，造成学生的片面发展，同时也给学生带来前所未有的学业压力。有的学生产生了抑郁、焦虑和狂躁等严重的心理问题，一些学生甚至因此走上绝路。这方面的悲惨案例在我们身边时有发生，大家可能也不止一次听说过、目睹过吧？

当孩子出现精神状态不佳，干什么都没劲儿，也就是现在人们常说的"躺平"的情况时,很多家长会习惯性地批评、指责孩子。然而,多言并不一定有益,太多的指责,只会伤了孩子的心,导致孩子慢慢疏远你,不愿意再听你说话,不愿意再向你敞开心扉。

每个人都希望被表扬、被尊重、被认同、被肯定,处在消极情绪中的孩子更是如此。这时候就需要父母耐心地倾听孩子的想法,他是遭遇到了打击,还是遇到了令他困惑或伤心的事?然后带着诚恳的态度与他沟通。先倾听,再沟通。这就是所谓的"多言何益?唯其言之时也"。

切忌带着清晰的目的试图说服孩子,说服是一种披着沟通伪装的操控。

比如,有的父母会对孩子说:"你再坚持一下,每天不要这么懒,多花点时间在学习上,期末如果能保持在班上前十名,假期你想睡多久、想怎么打游戏都行。如果期末考差了,那假期哪儿也不许去了,再多上两个补习班吧!"这哪里是沟通呢?明明是先站在自己的主观立场上指责一通,再说服和胁迫孩子嘛!真正的沟通,是要冒着改变自己的风险的，经过双方敞开的交流，你是有可能改变自己原有的态度和想法的。如果你基本上已经决定了，又何必费那么一通口舌，何必装得这么仁慈？直接下命令不就得了？

诚恳的沟通要做到没有先入为主，没有谁对谁错，没有谁高谁低，坦诚地表达自己的看法、想法、感受和情绪。当我们发现孩子的精神的确是过于紧绷，需要放松时，我们一定不吝于主动向他提供一个可以让他放松的环境。

适当的放松就像汽车里的润滑油一样，如果你的汽车没有润滑油了，你还敢开吗？虽然你每天都给它加汽油，但又有什么用呢？没有润滑油，发动机就会拉缸，甚至被彻底烧掉！现在我们的很多孩子都处在这个状态。

人是被情绪支配的动物。如果父母能帮助孩子把紧张情绪释放掉，孩子就会得到莫大的滋养，这样不管是在学习上还是在生活中，他都更容易恢复积极饱满的精神状态。因此我们要善于给孩子创造放松的时间和空间，这一点非常重要。

除了学习之外，我们要鼓励孩子发展自己的兴趣爱好。喜欢打篮球，OK，来，爸爸今天陪你去打两个小时；喜欢唱歌,来,今天妈妈带你去唱歌;喜欢看电影,来,爸爸跟你一起去看个大片;喜欢跟朋友一起爬爬山,没问题,妈妈开车送你去;喜欢和同学朋友聚会,OK,爸爸妈妈提供空间。

家长做这些,能帮助孩子把他在学校积累的紧张释放掉,这就是在给孩子及时添加"润滑油"。等孩子恢复活力、恢复精气神儿之后,再给予他适当的鼓励和鞭策,让孩子带着重新积蓄起来的能量去努力学习、积极生活,也不会迟。

9

三点原则，让孩子对"专注"上瘾

我们人活一世，不论是想要成就事业，还是深入地了解自己、探索自我的价值，都离不开一个核心能力——专注力。

我在前面也说过，一个人最重要的是提升自己对万物、对自己的觉察感知力，怎么提升？"专注"便是法门。不论什么年龄，修炼自己的专注能力，都是非常有必要的。

落实到孩子身上，家长朋友们往往有两个极端的错误认知，一是觉得孩子太小的时候没有专注能力，也无须培养，长大一点，上学之后，专注力自然就会产生；二是家长发现孩子上课注意力不集中，做任何事都三心二意，就开始吼孩子：你能不能专心一点啊！好像只要自己对孩子发出指令，他们就会马上生出专注力一样，这是家长不懂教育方式方法的体现。

想要培养孩子的专注力，我分享三点看法。

首先，孩子专注力差，父母往往是最大的破坏者。想一想在孩子比较小的时候，是不是不论他做什么事，正在兴头上，你都会随自己的心情忽然就打断他。孩子在拼积木，正在思考下一块该怎么放，你跑过去说："宝贝太累了，别玩儿了，先吃点水果。"孩子的思路瞬间就被打断了，再想重启就要花不少时间；孩子在看电视读绘本，正沉浸在故事情境里津津有味，你跑过去说："哎呀都看了多久了，别看了。""啪"的一下，给孩子把电视关了，或是把书丢在一旁。你总是这样干，就是在一次次剥夺孩子的注意力，久而久之，他们会越来越难在做事的时候调整为专注模式，并且随着年龄的增长，要做的事情越来越多，专注力就被切得越来越碎。

还有不少父母，一而再，再而三地强行替孩子做选择，掠夺他们主导自己人生的权利，时间久了，你的强势甚至你的出现本身，就会对孩子的心理造成干扰和压力，让他不由自主地把注意力从自己正在做的事上转移到你身上。

所以，父母在判断没有危险因素的前提下，不论孩子在做什么，都请别打断他。**除非你被邀请，否则永远别去打扰孩子**。实在需要孩子停下来的时候，就去寻找他注意力的间隔。儿童的注意力通常不会超过 30 分钟，等他从自己专注的点上暂时抽离出来，这个时刻，你再去跟孩子商量，是否可以先停下来，因为我们还有其他更要紧的事情要处理。

其次，父母们要知道，青春期前的孩子，他们接收信息、处理信息的机制和成人是完全不同的。成人用语言来交流、处理信息，而**孩子理解世界的媒介就是"玩"，是游戏**。

所以很多时候，跟孩子讲道理，他们是无法理解的。你跟孩子说，专心一点！他能懵懂地觉察到你很生气，但是你为什么生气、如何改善，他是不懂的。

所以，**在提高孩子的底层能力方面，家长要顺应孩子"爱**

玩"的天性。让孩子多接触一些提升专注力的游戏，比如套杯、数独、魔方等。在孩子难以持续专注的事情上，也不妨引导他带着游戏思维去攻克。就拿家长们都很头疼的"上课走神"来说，也可以告诉孩子，把上课当作游戏来进行。

在我儿子和女儿很小的时候，我们就进行过这样的游戏：把一周当中老师课堂上提问的问题和他们的回答记录下来，周五晚上我们一起看一下，如果这周回答老师提问的次数超过十次，周末就给他们买喜欢的漫画书，或是带他们去看电影。各位家长也可以试一试，孩子的积极性会很高。当然，这招对于中高年级的孩子可能就不是太管用了，主要是在孩子入学的头一两年，帮他们培养良好的学习习惯。

最后一条原则，也是我认为最重要的。其实借助外力去培养锻炼专注力，大多数情况都收效甚微，因为归根到底起支撑作用的是意志力。意志力虽然有一定弹性空间，但也有极限，就好比射箭，想要射得远，弓就要拉满，可如果拉得太满，也有可能断掉。所以**只凭借意志力做事，有一天可能**

反而被它拖垮，这也是为什么很多勤学苦读的孩子，忽然有一天就失去学习动力，变得焦虑、抑郁了。

真正能激发人专注的，是根植于内心的热爱。热爱会让人进入心流状态，而一旦开启心流体验，孩子就会感知到专注是一件很神奇、能让自我价值感最大化的事情。

所以身为父母，一方面我们千万不要去阻碍孩子做他热爱的事情，不要觉得打球、画画与学习成绩无关，就强行剥夺孩子的热爱，这是非常糟糕的行为。另一方面，父母要积极引导孩子去探索自身的热爱，不论你的孩子气质、性格如何，总有能够令他着迷的事情，而这件事，能够开启孩子专注和天赋养成的大门。

每个人生而不同，但专注力是人的基因里自带的能力。父母只需要守护好孩子的专注力，让孩子把时间投放在热爱和兴趣专长上面，专注就会帮孩子的生命开出惊喜灿烂的花。

10

孩子对学习感到痛苦，是"破碎"的前兆

不管我们想不想承认和面对，"学习、考试"已成为当下每个孩子、每个家庭重中之重的事情，不信你去网上看看，教孩子学习方法、提升考试成绩的直播间永远是最火爆的。也因此，当一个孩子学习成绩下滑，甚至出现厌学情绪时，很多家庭就会上演各种不正常的极端剧情：一个健康的、有活力的孩子，就因为"学习不好"这一点，被逼出了严重的心理疾病。

怎么办？我不是学习方法领域的专家，况且我认为，当孩子已经对学习失去兴趣、信心时，即便用再多的方法，也

起不到太大作用。就好比你往冰封的大海里投再多的石块，也激不起什么浪花来。所以遇到这种情况，父母要做的不是继续吼孩子、逼孩子，而是先思考，**孩子一学习就感到痛苦的根源，究竟是什么？**

我们从三个方面来找答案：父母、外界和孩子的内心。

首先，父母在孩子学习这件事上，要摆正自己的角色。孩子比较小的时候，你可以适度参与他的人生，主要是为了帮他建立起正确的三观，让他今后能够更好地走自己的路。但父母一定要意识到，学习这件事，本身是孩子自己的事情，他学得好与坏，他自身的热情、天赋是决定因素，家长只能起到支持的作用，只要做好"支持"这件事，就足以激发孩子克服困难、面对挑战的勇气。

这里讲一个我和女儿的小故事。我女儿之前参加学校组织的一个骑行活动，从嘉峪关一直骑到乌鲁木齐，一千多公里。出发前，我没有跟她说"你一定要坚持"，也没有说"爸爸相信你一定能做到"。我只是和她说："你有勇气出发去做这件事,无论你骑了多少公里,有没有到达终点,我都挺你!"

一开始我根本没料到她可以骑到终点,因为一千多公里的路程对于一个小女孩来说实在太长,而且同行的基本都是男孩子。我并不在意她能不能完成这次挑战,我更关心的是她在路上的状态。但让我没想到的是,女儿真的骑到了终点。我每天跟她通话的时候,从来不问她今天的里程有没有达标,还能不能继续坚持,我只会关心她当天累不累。后来她和我说,因为我的理解、接纳,让她产生了巨大的信念要完成这项任务。

我想告诉各位家长的是,"吸引力法则"在亲子关系中同样存在。在孩子面对挑战时,你表现得越焦急,越试图去逼迫孩子,孩子就越畏难,你担心的情况就很容易发生。反之,**你越相信孩子,他越会有超出你期待的表现。**

很多父母特别希望孩子可以达成自己心目中的完美期待,但却忽略了,真正要完成这个过程的,是孩子而不是你。你只是陪伴者,所以比起下场指挥,为孩子助威,当他提出需求时给予帮助,才是父母应该完成的事。

造成孩子学习痛苦的第二个因素同样来自外界。如果你的孩子本身学习比较自觉，忽然有一段时间变得排斥学习了，身为家长要有这样的防范意识，是不是孩子在学校或外面遭遇了什么，尤其要警惕校园霸凌，而且有些霸凌行为非常隐蔽，甚至老师也可以成为霸凌者，它摧毁的绝不只是孩子的成绩，更会给孩子的身心健康造成极大伤害。怎么杜绝和解决，大家可以看下一章内容。

除了他人的因素导致孩子对学习失去兴趣以外，家长也要注意不要成为批判孩子之人的帮凶。我见过很多家长，孩子学习一出现问题就和我诉苦，老师说孩子最近表现怎样怎样，老师说孩子爱偷懒、爱耍小聪明、有点笨……然后跟老师站在一个阵营里，一起批判孩子。

各位父母，老师只是孩子生命中的一个过客，而且老师无法把他全部的爱投射到每个学生身上。当孩子成绩下滑了、遇到困难了，除了他自己以外，真正的盟友只有父母，这个时候，你一定要挺他！你的包容、鼓励是他重拾信心的巨大动力，千万不要充当把孩子推入"自我怀疑"深渊的黑手，毕竟你是孩子最信任的人，**你随意的批判、贴标签，非常容易摧毁孩子的心理防线，让他就此变得对学习更不自信。**

最后，我们从孩子的角度来说说，"学习痛苦"这件事是如何形成的。

很多孩子面对学习表现得很烦躁，写作业一会儿都坐不住，可做其他他感兴趣的事情，就会表现得很投入，所以说，激发热情很重要。很多在科研领域、艺术领域取得杰出成绩的人，都是因为在幼年时，受到了启发和召唤，从而确立了一生心之所向的目标。所以父母在孩子比较小的时候，多带他去科技馆、博物馆，就有机会在孩子心中种下探索钻研的火苗。

另外，很多父母喜欢夸奖孩子"聪明"，这在孩子年幼时很有用，一个被冠以"聪明"标签的孩子总是乐意去进行各种新鲜的尝试，可当孩子上学后，尤其进入高年级以后，学习任务变得越来越复杂，"聪明"的标签是很易碎的，一旦遇到解不开的题，或是偶尔一次考试失利，孩子的自我认知就会变得混乱，开始怀疑自己。当挫败感升级后，甚至会就此躺平，再也没有克服困难的信心了。所以，要想让孩子持续产生学习的动力，就不要再夸孩子聪明了，而是更多肯定他的努力。

如果孩子成绩很差，甚至已经有些厌学了，对任何事都提不起太大兴趣，这时候最主要的是先恢复孩子的成就感，避免孩子陷入习得性无助。要知道，成绩差的孩子不论在学校还是在家里，通常收到的外界评价和自我评价都是不理想的。批评越多、成绩越差、自我价值感越低，逐渐就形成了负向的循环。**先把学习放到一边，鼓励孩子去做一点他感兴趣的、沉浸式的活动，帮孩子把灵性重新找回来。**

11

父母要接纳孩子的不完美

伟大领袖毛泽东说过:"哪里有压迫,哪里就有反抗。"

十九世纪,印度有一个"圣雄"甘地,为了反抗英国的殖民统治,他领导印度人民长期开展"非暴力不合作运动",终于取得了民族解放和国家独立,他也被尊称为"印度国父"。

这个"非暴力不合作运动"就是不采取任何暴力方式,但也不支持、不配合殖民政府,搞不流血的消极抵抗,弄得英国人焦头烂额,一点办法都没有,最后只得妥协,结束对印度的殖民统治。

现在，有很多孩子对父母也采取"非暴力不合作"方式，父母说啥，他不反对、不抵抗，但是他也不做。这套方式看上去好像比较软弱，貌似没有对抗性、斗争性，有时孩子还会表现出一定的退缩和害怕，但是其实他的内心是一块坚冰，心门是对父母关闭着的。

当然，还有些孩子就表现得更加强硬和极端，不管父母讲什么，他都会顶嘴。你说东，他就说西，你说那是鸡，他就非说那是鸭，专和父母对着干，有时甚至表现得很愤怒。**导致关系这样紧张的原因是：你可能在这段亲子关系中越界了。**

孩子不是父母的所有物，孩子也不是机器人，每个人都有自己独立的人格，小孩子也不例外。

在孩子还小的时候，世界对他来说是一片空白，这时候需要爸爸妈妈来帮他把这个世界的拼图一片一片拼起来，带领他学会说话，学会自己吃饭、穿衣，带领他去亲近大自然，教导他在学校要认真学习，要尊敬师长、友爱同学。但等孩子成长到一定阶段后,他自己对这个世界就有了独立的认知,进而形成对事物的价值判断,这个时候父母再用过去的方法来教育孩子,就容易产生强烈的冲突。我们一般把出现在青少年身上的这种情况称为"叛逆"。

但叛逆绝非孩子单方面的过错,它甚至不能被称为过错。所有叛逆的背后,都是对权威的反抗、对平等自由的争取。**孩子能否接受父母的教育,取决于孩子在内心是如何看待父母的。如果孩子根本就不信任父母,他的心门是关闭的,在这种情况下,父母说什么、做什么都没有用。**

处在叛逆阶段的孩子往往也是迷茫的,他们对世界有了基本的认知,但这种认知并不全面。他们一方面反对父母,一方面也在质疑自己。

没有人天生就有明确的目标和责任感,如果孩子暂时缺失,也一定不要过多批判,这只会打消他的积极性,让他更加迷茫和受挫。每个人都希望被认同,孩子做得好时要给他奖励,做得不好时,父母也要对他有耐心。

成长是需要时间的,父母不要只盯着那些没有做好的部分，让孩子没有了进步、成长的动力。不论是对孩子的成长，还是对亲子关系来说，这都是有百害而无一益的。

12

把生命的自主权还给孩子

在金庸先生的小说《天龙八部》中,有一个角色叫慕容复。

他出身姑苏慕容世家,一表人才、风度翩翩、文武双全、机警多智。但作为没落的皇室贵胄,他从小就被父亲灌输:"你要复兴大燕!"父亲将他取名为"复",就是在时时提醒他不要忘记复国的理想。于是,"复兴大燕"就成了慕容复生活的全部,他对身边的一切都不感兴趣,一心只想着复兴。为了这个所谓的梦想,他挖空心思,费尽心机,委曲求全,不惜牺牲爱情、亲情、友情。然而人算不如天算,千方百计条条不成,复国行动屡屡受挫,为了实现父亲赋予的复国梦想，慕容复连死的权利都没有，最后落得一个众叛亲离、心智失常的下场。

当然，慕容复的例子是比较极端的，但在现实生活中，很多父母也会对孩子说："我过的桥比你走的路还多，我吃的盐比你吃的饭还多，这个你还不听我的？"

为人父母者，凭什么那么自大？时代在变，社会在变，各种应用的工具也在变，你凭什么说你比年轻人懂得多？什么都替他安排得当了，应该上什么样的学校，应该交什么样的朋友，应该吃什么样的零食，应该选什么样的专业，应该找什么样的工作，都是父母说了算，那请问孩子如何真正地长大？

你以为一个孩子年岁长大，他就长大了吗？**一个孩子真正的长大是什么？是性格上的成熟和精神上的独立自主。为自己的人生负责，这才算是真正的长大。**

把选择权和生命体验还给孩子。孩子有自己的抉择和答案，我们是要帮助孩子找到他们自己的目标，而非把我们的

目标、理想直接灌注到孩子身上。父母取而代之,不让孩子自己负责,破坏了孩子的自主力。久而久之,恶性循环,孩子不想再为自己的生命负责,甚至会在长大后对父母说:都是你害的!**看似让孩子快速拿到了结果,实则你拿走了他成长的权利和机会。**

站在父母的角度来讲,其实我们是要不停地去学会放手。

在孩子很小的时候,为了保护他的安全,我们可能会适当地给他一些支持。但是慢慢地,我们要学会放手,给他更大的空间、更大的自由、更多的选择,让他自己展翅高飞。

父母放下自己的权力,放下自己的价值观,以平等的方式与孩子一起沟通和解决问题,尊重孩子自己的意愿,这其实并不容易。对于我们父母来说,这样的能力和胸怀并不是与生俱来的,是需要我们不断地学习、不断地修炼,才能逐渐具备的。所以,我经常讲:"一个人最大的修炼,莫过于做一个好家长。"

第5部分

教孩子
拒绝霸凌和讨好

1

什么样的孩子更容易被霸凌

一个孩子长期被霸凌,意味着早就失去了守护自己界限的能力,不敢说"不"。在跟霸凌者的交锋中次次忍让、退却,时间久了,就会被锁定为"好欺负"的目标。

然而这里有一个问题是:是谁最初破坏了孩子的界限呢?

是父母。

未经孩子同意翻他的日记,未经孩子同意进他的房间,不想吃这样的东西必须好好吃,不想穿这种衣服必须好好穿,必须这样,不允许那样,这些都是在破坏孩子的界限。

一个孩子的界限如果没有得到父母的尊重，他就会慢慢地失去守护界限的能力。并且他绝对不只在家庭里没有反抗能力，在应对他人和世界的时候，他一样没有这种能力。这种能力简单来说就叫说"不"的能力。

这是我的身体,未经我的允许不要碰我；这是我的东西,未经我的允许不要碰它。孩子在家里无法反抗不合理的行为和要求，又如何指望他出了家门就能守护好自己呢？所以家长不要一再去破坏孩子的界限。

孩子被霸凌，往往是情况已经很严重了家长才知道。为何会到这个地步？因为孩子已经无法和父母讲真话了。如果他和父母的关系比较亲密，那么最开始受欺负的时候，他就会和父母说。还有一种情况是，即便孩子告诉父母自己被霸凌了，父母也只会用"他打你，你就打回去"这样的办法来敷衍孩子，更有甚者会说"为什么他偏偏打你，不打别人呢？"，根本不考虑孩子实际的处境和自身性格。所以这个孩子最后得到一个结论：我跟父母说了也没有用,既然没用，那我就不告诉他了。这就把孩子和父母沟通的通路切断了,最后变成孩子独自去承受。

　　我小的时候有这样一段经历，我在外面无论跟谁、无论出于什么原因打架，回家后我父亲会再打我一顿。他认为打架就是不好的，跟人产生冲突就是我的错。那你想一想，如果我在外面受了欺负，回家还敢跟我父亲讲吗？我不敢了。哪怕我在外面受了再大的委屈、受了再多的伤害我也不愿意告诉他。我告诉他，伤害只会加多一层，那我干吗要告诉他呢？

2

孩子被霸凌了，父母该怎么做

霸凌现象在校园内并不罕见，为了防患于未然，我们家长要做的就是守护好孩子的界限。教导他敢于表达，敢于说"不"。"你不要碰我的身体！"这跟体能无关，对方会被他震慑到，可能跟他第一次交锋后就退却了，就再也不敢去欺负他。霸凌者之所以敢长期欺负你的孩子，就是因为在跟他的能量交锋中，发现他好欺负，发现他没有守护界限的能力。

在学校或将来走进社会之后，如果别人感受到他的内在能量是很饱满的，就不会动侵犯他的念头。偶尔被欺负了，他的态度、口气，甚至是他的眼神、姿态，也能把对方震慑住，对方就不敢再继续。

很多家长说，那我送孩子去学武术，去学跆拳道。当然，适当的体能训练是有必要的，可是如果他的界限长期被破坏，哪怕学了武术和跆拳道，他也一样不敢还击。为什么？他的心是怯懦的。有一句话叫狭路相逢勇者胜，这并不完全是体能的问题。

如果很不幸，你的孩子已经被霸凌了，家长首要的念头和行动，一定是无条件支持你的孩子！家长坚决的态度和果断的行动，能解决大半问题。

一旦确认了孩子被霸凌的事实，你首先要做的是，打电话给老师，告诉老师实情，询问老师的解决办法，并表态，如果学校处理不好，你会报警，交给警察处理。老师看到你坚决的态度后，一定会有所行动。

当老师把双方家长和孩子约在一起后，你可以对对方提出具体要求，比如说让对方孩子当着全班同学的面，跟你的孩子道歉。你还可以要求在对方孩子在场的前提下，让对方家长也向你的孩子道歉。当孩子已经遭受伤害了，千万别轻易和解，或者听老师的，让孩子沟通后自行解决。如果对方拒绝，你就可以要求学校调取监控，或者直接报警。这些处理方式能够震慑住霸凌者，更重要的是，能够帮助你的孩子建立起强烈的安全感，让他从此以后带着这样的勇气去闯荡他的人生。

还有一种暴力是软暴力，即嘲笑孩子、给孩子起侮辱性外号。这种情况相对好化解一些。告诉孩子，施暴者都是带着期待的，想看你出丑或者吃瘪。咱们就用巧妙的招式回应他，反其道而行之，让他喊得更大声一点，或者问他敢不敢去讲台上喊，敢不敢去操场上喊。当他觉得捉弄你不成，自己反倒被捉弄了，期待落空，就不会继续霸凌了。同时，孩子的心力也很重要，有时候多一点钝感力，也是对自己的一种保护。

为人父母者，主动学习如何设身处地地理解孩子，如何让一个孩子在你面前愿意做一个真实的人非常重要。所谓的真实就是，你很容易从他那里得到他生命的真相，他愿意在你面前呈现他所有的好或是不好，而不是一味地只把好的一面呈现给你，而他在外面受了什么委屈，干了什么坏事，或者在学校里被老师批评了、被同学欺负了，他都不敢跟你讲。

孩子在学校里被人欺负了，回到家里说："爸爸，今天×××又打我。"我们通常的反应是说："那你打回去呀。"这是给方法。孩子又说了："我怕，我打不赢。"此刻，如果你不能感受他的害怕，理解他的失落，同理他在冲突中的那种无力感，那么你给他任何方法都没有用。

简单来说，孩子当下已经否定自我了，这时就发挥不出他应有的力量。这时父母最好的做法是什么？

"嗯，看起来你没打赢很难过呢！"

"就是啊，我就是很难过。"

"看起来你很悲伤啊！"

"是的。"

当他的感受被共情了，他才能从心底发展出勇气去面对下一次的冲突。这不是父母给予的，是他自己在无力感的最深处找到的力量。所有的力量都藏在无力感的后面，或无力感的底层。

3

当你的孩子被老师霸凌

家长们通常会有一个误区,即认为教书教得好的就是能把孩子成绩提上去的,不管老师用什么方法,哪怕是打骂、羞辱、责备、贬损。但不尊重孩子、践踏孩子人格,这样的老师是无道的,无道便无德。唐朝韩愈在《师说》中写道:"师者,传道授业解惑者也。"一个没有道德的老师哪怕教书技能再强,也不可能真正把学生教好。学生在他那里学到的知识,相比在他那里受到的伤害而言,其实是得不偿失的。

在中国历史上,很多师者都非常有道,他们自身的修炼,永远是排在第一位的,在自身有修炼、对自身有探索的情况下，再去谈别的。而我们现在整个社会风气或者价值观体系里面，是缺乏这种认知的，这是一种悲哀。

事实上，校园霸凌的第一大类是老师的霸凌。家长要增强孩子的自我保护意识，教育孩子如果在学校里遭受了老师的欺凌打骂，一定要告诉自己。

假设你的孩子出现异常情况，他告诉你，老师拿书抽他脸了，老师扇他耳光了，老师扯他头发了，或者说，老师没有打他，但是老师叫其他同学孤立他了，你会怎么做？问细节，找老师，转学，忍着？不管你如何应对，我要告诉家长的是，这个时候讲道理是最没用的。因为孩子心里的第一反应会是：你跟老师是一伙儿的，我凭什么告诉你真相？

孩子的情绪状态不对时，父母要有能力通过倾听孩子的内心，得到真相，继而守护孩子、疗愈孩子。当老师发现家长有这个能力，他其实是不敢霸凌你的孩子的。

理解和接纳孩子的情绪，是家长的基本功。这个时候孩子至少知道你是了解他的，你是爱他的。当一个人的害怕、悲伤、无助等各种情绪能被看见的时候，他才能深刻地体会到爱，真正感受到爱是被了解的感觉。

这是第一步。第二步要根据问题的性质来处理。如果老师只是当众羞辱了你的孩子，或者发动别的孩子去孤立你的孩子，没有给孩子造成持续的和深度的伤害，那你可能要求老师道歉就够了，让他在全班同学面前跟你的孩子道歉。但如果他动手打了孩子，你可以去学校找负责人来处理，情况严重的甚至可以报警，采取法律手段。

这个时候，家长要坚定地站在孩子这一方，找校长，找教育局，要求调监控，寻找一切证据。挨个去访问老师、同学、家长，要拿出这种耐心和魄力来，在这个时候千万不要妥协，同意老师私下过来给你道个歉，或者听学校负责人讲讲道理，这个事情就过去了。

家长首先要有一个意识，当孩子被老师霸凌了，一定不要害怕得罪老师。在老师和孩子之间，宁愿选择得罪老师，也不能伤害孩子，因为孩子的身心健康和你们的亲子关系是关系到孩子一辈子的事。

4

"听话"是对孩子的诅咒

一讲到关于"听话"这个话题，我其实有两种感受，一种是觉得很愤怒、很生气，一种是觉得很悲哀。从什么时候开始，"听话"变成了涉及孩子问题的开场白？"哎，你家孩子听话吗？"有个听话的孩子，往往让父母引以为豪。似乎听话与不听话，成了判断一个孩子好与不好的标签。

什么是听话的孩子呢？

符合你要求的就是听话的，不符合你要求的就是不听话的；成绩好的就是听话的，成绩不好的就是不听话的；在你面前唯唯诺诺、不表达主见的就是听话的，敢于表达主见、顶嘴的就是不听话的。

当然，可能也有人会说："我讲的听话跟你讲的不是一个意思，我的意思是，我讲得对的他听从了，我讲得不对的他可以不听。"这样的家长很矛盾，既希望孩子将来比自己强，又希望孩子听话；既希望孩子独立自主，又希望孩子听话；既希望孩子与众不同，又希望孩子听话。

但怎么定义正确？家长首先得搞清楚这个东西。

弗洛伊德曾说："人类天生具有'弑父情结'，从一出生，他就注定要和父亲展开斗争，以摆脱被统治、被支配的地位，争取独立自由的权利，进而掌握家庭的主导权和社会的主动权。"如果我们都将上一辈的话奉为圭臬，我们怎么可能会有创新，怎么可能会去开拓我们的事业，怎么可能活出跟他们不同的人生？不可能啊！人类一代一代进步，人类的整个发展史就是一部叛逆史。拥有独立人格才是人类进步的基础，而我们很多家长竟然以孩子听话为豪。

听话的孩子，往往顺从父母的观点，容易压抑自己的情绪，不敢表达主见，在他的骨子里，顺从是第一位的。太听话的孩子，不会创新，不会为自己争取机会。他们会认为，自己的价值在于他人的认可，而非自己存在本身的价值，这样的孩子总爱去迎合别人的期待，逐渐就变成了讨好型人格，长大后进入职场，遭受到精神控制，也无力挣脱。

"听话"是一个集体的无意识的词，折射出家长的内心是没有觉知的状态。一个有觉知的家长，绝对不会用是否听话这样简单粗暴的方式去形容孩子。你可以分享你的生命经历，但孩子是否采纳、采纳多少，是他自己的事。

当孩子的时候希望父母不要打骂自己，对自己宽松一点；一变成大人，就开始把当年父母对待自己的方式全部加在自己的孩子身上。当然不是有意的，这是一种无意识的持续的轮回。我们每一个家长在讲出"听话"这个词的时候，无论你是什么意思，出于什么动机，都请留意，带着觉知去讲这句话，这个词是不是适合用来形容你的孩子，请试着直接描述孩子的一个行为，然后再表达你的感受。

5

孩子应该结交什么样的朋友

很多人会规劝孩子，永远与比你更成功的人打交道，永远与比你更有能量的人打交道，他们甚至教导孩子，只跟那些积极上进的孩子打交道。这些话听起来很有道理，对吧？仔细一想，却是悖论。

请问，那些比你积极上进、比你优秀的孩子如果是跟你一样的想法，他凭什么跟你打交道？这种说法的背后其实是强烈的功利心作祟。如果人人都这么想的话，谁跟谁都打不了交道。

不要教孩子这种东西，这种功利化的教育只会教出一个充满功利心的孩子。当然，这并不是说我们不要去向一些优秀的人学习，而是说在选择交友对象时，不要那么绝对。

一个人能量的高低，由他自己的内在决定，外在的干扰作用倒是其次的。如果孩子接触了负能量的人，就变得充满负能量了，是因为他内在本来就有一些负能量；反之，他接触了正能量的人瞬间就有了正能量，也是因为他本身的内在能量不足，极易受他人的影响。

一个孩子在他的成长过程中会交到各种各样的朋友，有成绩好的，有成绩不好的；有积极向上的，也有颓废的；有品行端正的，也有一些缺乏教导的。他只有在这样多元的环境里，才能学会跟不同的人相处，将来在真实的社会中处理各种不同的情况。他只有接触过各种各样的人，才能学会辨别和选择，哪些人值得自己深交，哪些人浅交即可。

生命本身就是一个平衡，我们在交朋友的过程中，既是在从对方身上吸收能量、吸取养分，同时也是在不经意间给予对方他所需要的生命能量。我们既是在得到、索取，也是在分享和给予。交友的本质是能量互换，而非单方面的索取。

跟比我们能力强的人打交道，我们可以从他们身上学习成功的方法；跟处境不如我们的人打交道，我们可以学习他们吃苦耐劳、艰苦奋斗的精神，同时给他们一些关怀和帮助；有一些正在恶行边缘徘徊的人，我们也可以试着去拉他们一把，把他们带回正轨。

　　正如歌里所唱的："如果人人都献出一点爱，世界将变成美好的人间。"

6

帮孩子正确面对社交冲突

　　孩子在社交过程中难免有摩擦、冲突，但如果总是逃避，长大后就难以向别人正面表达需求。很多孩子恐惧社交、不敢面对人际冲突是因为自我价值感低。但冲突在人际交往中是不可避免的，冲突里也蕴含着巨大的能量，可以开启你和对方走近真实彼此的机会，让你们更好地了解彼此。所以要让孩子看到，正确地表达、碰撞、冲突，不会破坏关系，而是对关系的升华。

　　这里讲一件在我生命中留下很深印记的事。

　　那天是恩师许宜铭课程中的个案日，旁边有个同学在不停地打电话。我就有些难过，有些气愤，但是当时又没有勇气去跟他表达。因为双方还不是那么熟，虽然已经相处了几天，但是没什么交集。

个案做完以后又上课了，有人说："许老师，能不能叫那个人不要打电话？定个课堂规矩嘛。"许老师说："我没有这样的需求，你如果有这样的需求，你就直接跟他说。"

于是，这个同学搬了几张垫子坐到那个打电话的同学面前，说："刚刚老师在做个案的时候，你在打电话，声音还那么大，我觉得我被影响了。"一会儿，又有个同学说，他也被影响了。我那时候坐在后面一点儿，他们说完后，我大声地说："我也很生气！"

我刚说完这句话，许老师突然发话了，说："智勇，我刚听到你说了一个'也'字，你也很生气，你并没有到正面来跟他表达，而是在这么多人说了之后，你附和了一句。你过去都很害怕面对一对一的冲突吗？"

我当时很难过，一下子就想起自己小时候的经历。我曾经无数次在一对一的冲突中吃亏、失败、感到无助。这导致我后来很长时间在面对类似的情况时，要么逃避，要么躲在"老虎"背后假威风，避免跟人正面交锋，同时也失去了很多表达自己情绪和需求的机会。

达摩大师当年来东土，在少林寺面壁九年，他说："我想找一个人，找到这个人我就出关。"问他什么人，他说："不自欺、不欺人、不被人欺的人。"

他的这句话，引人深思，尤其是给父母们提了一个醒：在社交中，尤其是面对冲突时，该用什么样的态度去面对？

首先是不自欺，你要感知自己，知道自己的身体在发生什么样的变化，酸、痛、麻、痒；知道自己内心深处的情绪变化，纠结、焦虑、难过、开心、沮丧，不去压抑它，不去逃避它，允许它流动。跟疼痛在一块儿，跟悲伤在一起，跟无助的自己深入相处，同时愿意把你的这些感受表达、宣泄、释放出来，这就是不自欺。

那不欺人呢？如其所是地去跟这个人相处，而不是如我所想地试图改变他。我知道你很难过，但我不想马上把你变成一个快乐的人；我知道你很悲伤，我可以陪伴着你，但我并不想让你立马就变得欢欣雀跃；我看到了你的愤怒，请告诉我，是谁侵犯了你的界限；哦，你有什么想法我知道了，我能理解。这就是不欺人。

那什么叫不被人欺？我既尊重我自己，也尊重你，但如果你侵犯到我的界限，我不会善罢甘休，你是要为此承担责任的。简单来说，就是有能力守护自己。

这三条准则，请父母们先践行，然后在言传身教中，传递给孩子。

7

帮孩子铺就生命柔软的底色

柔软是生命的底色。规则很重要，但如果一味地靠理性做事，一味地为自己的利益考虑，说明你正在远离自己的内心和本真。这样的孩子日后再成功、再光鲜，生命也是有些失色的。

人性基本的东西就是那颗心，你有没有同理心，**能不能在看到自己的不易的同时也看到别人的不易？**

我去清迈旅游的时候，看到许多底层劳动者对我们这些去那边消费的人，表现出由衷的欢迎和友善态度，每个人从内心散发出喜悦。

为什么现在这么多人仇富？就是因为很多人为富不仁。如果每个富人都是仁慈的，都有同理心的话，又怎么会有人仇富？

如何使用金钱，也能展现出一个人的同理心。

每当我跟他人有金钱往来时，我会评估这笔钱对这个人来说意味着什么，对我来说意味着什么。如果说对这个人是比较重要的，而对我而言不太重要，那我宁愿让出一些。有时候我去买东西，明知道价格不合理，但是为什么我愿意给？因为第一，我会衡量我和对方的关系；第二，我觉得这笔钱对这个人来说应该比较重要。比如说你向一个老奶奶买菜，她看你穿得好一点，可能本来卖两元的菜，她向你喊价两元五角。那又怎么样呢？你犯得着去跟她讨那五毛钱吗？这五毛钱可能对她来说很重要，而对你来说不那么重要。如果我们大家都惯于站在他人的角度思考，适当做出让步，宽容对待自己身边的人，社会一定会更加和谐。

有的人去普通的小饭馆吃饭，这顿饭本来也不贵，但他会问，能不能打个折。如果是高端饭店，我经常会要求打折，普通饭店我从来不提这件事。普通饭店和高端饭店所挣的钱可能不是一个量级的，我会从对方的角度、对方的具体情况来考虑这件事，推及其他事情也是如此。这就是所谓的同理心，在看到自己的不易的同时也看到别人的不易，而不是硬着一颗心去处事。

当我们这个社会所有人都硬着一颗心去做事，可能看起来很理性、很合理，但实际上我们已经远离了我们的本真，远离了生而为人应有的良善。如果一个人舍弃了同理心，无论他活得再好、再光鲜，也只像一台没有生命活力的机器。

8

如何培养孩子的同理心

同理心不是规范出来的,是启发出来的。过早地对孩子使用规范是不好的,但没有规范的话,怎样确定这个人发展出来的样子呢?

其实不需要规范,王阳明先生有一句话是:"无善无恶心之体。"就是说我们的本性是无善无恶的。它就像一面镜子,猫来,照见猫;狗来,照见狗;人来,照见人;妖来,照见妖;佛来,照见佛。这句话的下一句是:"有善有恶意之动。"意思是,当我们有意念的时候,我们就会有善有恶。"知善知恶是良知",这是他的第三句话。

这里所说的良知包含了同理心的范畴，它是一种觉知力，即觉察的能力。当我们有觉知的时候，就会知道自己动了一个什么意念，是好的还是坏的。既然知道了，如果你也不喜欢别人对你动恶行的话，那你会去对别人做这件事吗？也不会。这个东西就叫同理心。

假设你动了一个想要打别人一巴掌的念头，但你非常清楚，自己被别人打一巴掌是不舒服的，你有了这样的觉察，就不会去采取这样的行动，这就叫同理心。别人对我做了一件有善意的事，我很开心，所以我也会多做一些对别人有善意的事情。

同理心不是规范出来的，是启发出来的，是通过觉知启发出来的。一个没有觉知的人谈什么同理心？他都不知道自己在干什么。他甚至不知道自己打了别人一巴掌，别人是不开心的，是难过的，因为他都没有觉知到自己的难过和悲伤。甚至很多人在辱骂别人的时候，还以为是对别人好，因为他没有那个觉知力。

启发同理心的方法很简单。日常在与孩子的交流中，切忌"捧杀"式夸奖，更多去表达你的感受：你做了什么，带给我的感受是什么，例如担忧、沮丧、无奈、愤怒、悲伤、恐惧等。但这仅仅是我的感受，不是批判，不是打压，不是责备，不是操控。我要告诉你，你做了这样一件事，让我处在这样的一个状态，带给我的影响是什么。比如说我在睡觉，你把音响声音开到连我在房间里都听得见，这会影响我睡觉。我的感受是什么？我很愤怒，我很无奈。

没有一个人来到这个世界是为了让别人过得不好的，尤其是孩子。当你没有批判，没有责备，只是把这个行为、感受、现象反馈给孩子，他内在的觉知力就会被启发出来，也就是同理心会被启发出来，他会自动自发地去调整自己的行为边界，去适应他人、环境、社会。他就会想：哦，原来我这样做会带给他不好的感受，带给他不好的影响，会给他带来麻烦，我以后不会这么做了。

但是我们现在的方法是反的。用规矩，用责备，用谩骂，用操控，用讽刺。这些方法反而会让一个孩子失去他的觉知力，失去他的同理心。所以过早地对孩子使用规矩会适得其反。

不要动不动就跟孩子讲:"你错了没有?你还不认错,这么简单的问题你都不知道错了吗?"尽可能不要用这种方式。让孩子更多地活在关系里,而不是活在只关注自己好坏的状态里,他才会产生更多的同理心,更有动力朝向利他。

第 **6** 部分

——

养出
心理能量高的孩子

1
内心强大的孩子是什么样的

一说学习就逃避,甚至厌学;

不爱社交、在学校几乎没什么朋友;

游戏上瘾、躺平、抑郁……

每当有家长向我反映孩子的这些问题,我首先的回答都是:孩子的心理动力不足了。

要解决这些问题,我想先和大家谈谈,一个心理能量很足,或者说内心强大的孩子,是什么样的。

在我看来,内心强大的孩子,有这七个方面的特质:一是敢于做自己；二是敢于犯错误；三是不过多在意别人的评价，笃定地知道自己是谁；四是细腻、有觉知；五是有同理心；六是敢于呈现自己的脆弱，释放自己的情绪；七是趋向真实。

第一点，勇敢做自己，敢于为自己所想为，勇于表达自己的观点，表达自己的感受，不为世俗的桎梏所累。

第二点，敢于犯错误。年轻人最大的"资本"之一，就是可以犯错，承担得起试错的时间成本，也被允许犯错。有了可以犯错的条件，并不代表所有人都敢于犯错。敢于犯错，代表着敢于突破旧有的思维、旧有的规则，找到属于自己的路。敢于犯错，代表着一种勇敢的心态，一种敢于突破的心态。

第三点，不会太多地去在意别人的评价，内心非常笃定地知道自己是谁。受到赞美的时候他会开心，但是他知道不会因为别人的赞美自己就变得更好了；被否定的时候，他也很清楚地知道，他不会因为别人的否定就变差了。

不同的人出于社会、文化、环境等各种原因，会产生不同的价值观。因此,别人对你的看法并不代表你的真实价值,更不能成为你定义自己的标准。

当你过分关注他人的评价时,你很容易迷失在对他人的期待和对标准的迎合中,从而忽略了自己内心的声音和真实的需求,容易被他人牵制和操控。相反,当你不再追求别人的认同,而是按照自己的意愿行事时,你将会发现自己变得更加自由和自在。

第四点,我觉得内心真正强大的人还有一个很重要的特点,他是细腻的,这个细腻里包含了觉知。

《大学》里说:"欲修其身者,先正其心;欲正其心者,先诚其意;欲诚其意者,先致其知,致知在格物。"觉知包括两个部分:一是对自我的觉察;二是对外部事物的接触和感知。

我们每个人是由三个部分组成的——身体、思维和情绪,这三者统合起来就叫"自我"。在现实生活中,很多时候都过于强调"社会我",而压抑和否定了"自我"的需求。大多数的教育都要求我们做一个好学生、好爸爸、好妈妈、好孩子、好员工、好老师，每个角色都有各自的社会性要求，都有相应的责任。而我们在负起这个角色的责任要求的时候，都或多或少地让我们的情绪受到了压抑。过于强调"社会我"，会让一个人看起来缺乏温度，像机器人一样。我们应该提升对身体、情绪、念头进行觉察的能力，在满足自我需求和社会要求之间找到平衡。

"致知在格物"讲的则是对外部事物的接触和感知。想要做一个有智慧的人，就要格物。"格"是接触的意思，就是要透过我们的五官和身体来感知周围的世界，与世间万物进行充分的接触，由此我们才能得到智慧。

一个人有了这样的细腻和觉知，就有可能发展出同理心，理解和共情别人的情绪和感受。这是我们说的第五点。

第六点，敢于呈现自己的脆弱。他有地方去释放、表达和呈现自己的喜怒哀惧。在父母或知心好友面前，他是可以去承认自己的难过、悲伤、恐惧和无助的。

最后一点是，趋向真实。越接近真实，人内心越简单。我的老师许宜铭曾经跟我说，他这辈子到目前为止基本上可以做到无事不可对人言。就是没有什么事不可以跟人说，他的内心没有秘密。这与其说是对自身的强大认同，不如说是他内心强大到能接受完全的自我。这也是我一直在努力学习的。

我们教育的目标，并不是培养出一个只会做题、考高分的孩子，而是养育一个心理能量足、身心健康的孩子。

2

情绪流畅的孩子，能量更足

我们知道，情绪是自我的重要组成部分。西方心理学把情绪划分为四类：喜、怒、哀、惧。这四种情绪就像四季的变化一样，自然地在每个人的内在中不断转换。

但在我们的传统教育里，在很多家长的认知中，是不允许孩子出现负面情绪的。有些父母觉得愤怒代表情绪化，悲伤是懦弱的表现，而恐惧则意味着胆小，因此对于孩子表现出来的愤怒、悲伤和恐惧，大多数父母都持否定态度。父母只想要孩子永远乐观、积极、向上，殊不知你只想要一个孩子快乐，那他的快乐就是无源之水、无根之木，是不真实的，不长久的。

这是因为，所谓的"负面情绪"也是有其存在的价值的，而所有被压抑的情绪，当它累积到一定程度，一定会爆发。你只有支持那些负面情绪表达和流动，正面情绪才会自然而然地滋生出来。

不否认愤怒有时候会伤人，但合理利用愤怒，它也能帮助每个人守护自己的界限，是一股向前的力量。如果一个人丧失了守护自己界限的能力，那么谁都可以骂他，谁都可以打他，他甚至还跟人乐呵呵的，你们难道想让自己的孩子成为这样的人吗？

再来谈谈悲伤。人的一生会经历许多生离死别，这些经历都会伴随巨大的悲伤。那个在你生命中很重要的人要离开你，不能再跟你朝夕相处了，有的时候甚至是阴阳两隔。如果悲伤不被允许，那它就会像个软木塞，堵住你情绪流通的通道，你整个人就会渐渐沉下去，郁郁寡欢。相反，让自己痛痛快快地大哭一场，大多数人很快就能借此走出低沉。悲伤是一个句号，是一个休止符，是结束的能量。它能让人们走出失去的阴影，重新开始一段新生活。

最后，恐惧这股能量也是非常重要的，它可以让我们逃离危险、保全性命。一个无所畏惧的人，不论是对人还是对己都是十分危险的。

能量强的人都有一个特点，那就是情绪是流畅的，因为情绪本身就是能量，当你打压了孩子的各种情绪的时候，他的能量体就会被你压制，能量就会减少。

很多有心理疾病的孩子会压抑情绪，他们和自己的内在联结断开了，情绪流动的通道被堵塞了。所以，孩子在你面前哭，敢于把自己内在的难过、痛苦、无助呈现出来，意味着他知道自己的负面情绪是被允许的、接纳的，这样的孩子是相对有安全感的。其实，会哭的孩子从某种意义上来讲是勇敢、健康的。

智慧的父母能够充当孩子的容器，认识到各种情绪的价值，接纳和认同孩子的所有情绪，并给出恰当的回应。

3

帮孩子走出负面情绪的前提是认同他

在接触心理学之前,我是个有点糟糕的父亲,看不到孩子隐藏、压抑的情绪,甚至不时会打骂孩子。因为在我的童年记忆里,我父亲就是很严厉的,他不允许我害怕、胆怯,这种打压式的教育方式,在我未觉察之前,又轮回到了我孩子身上。

直到我接触了心理学,深入学习后,才幡然醒悟:"天哪!我要是早一点知道这些该多好,我的孩子就不会受这么多苦了,我莫名其妙地否定了他多少情绪啊!"

有医学研究表明,超过一半的人类疾病都跟情绪有关。

如果一个孩子的情绪被否定、被压抑,没有办法去表达,也没有适当的途径去宣泄的话,要么当下精神状态出现问题,要么在成年以后以躯体障碍的形式表现出来,这在医学上叫"情绪的躯体化投射"。

情绪就像洪水,你越是压抑它,它将来爆发时造成的危害就越大。如果我们通过合适的方式疏导自己的情绪,在恰当的时间、安全的地点让它充分宣泄出来,那么这些蓄积的能量就会如同百川入海一般归于平静,我们便能重获轻松与愉快。

当你的孩子处在负面情绪中时,他需不需要你的陪伴?当然需要。这个时候是走进孩子的内心、拉进亲子关系的最佳时刻。

这时候,有些家长会采取哄逗、利诱的方式,"好了,好了,别哭了,我带你出去玩,要不给你买个玩具?"或者威逼、压制的方式,"不准哭了,再哭我就打你了!"这两种方法都是在否定孩子的情绪,都是在阻止孩子情绪的正常宣泄。

当一个孩子感到委屈时，哭泣是很正常的事，却被父母生生打断，甚至被威胁，你说他将如何化解自己的负面情绪？

那正确的方式是什么呢？

当孩子出现负面情绪时，你可以给他一个独处的空间，让他自己想一想，大哭一场；或者陪在孩子身边，抱着他，听他讲他为什么愤怒、悲伤、害怕，让他把内心那些积压的不良情绪释放出去；如果情况比较严重，孩子自己和家长没法解决，建议向专业人士寻求帮助，进行心理咨询或治疗。

还有一个办法，是我特别建议各位家长都去尝试的，那就是多带孩子亲近大自然。他可以在草坪上晒个太阳，在田里抓个泥鳅，在小河里摸个鱼，接接地气，接接水气，这些积压的负面情绪就被消耗或消化掉了。这是大自然的力量，是最朴素的治疗方法，对很多小孩都是有效的。

一个能将情绪收放自如的孩子，他身体和精神的状态与经常压抑情绪的孩子是完全不同的，前者要轻松自在得多，心理能量也高得多，学习、做事的动力也就更充足。

4

刻意的挫折教育不可取

很多父母都迷信这样一句话:"吃得苦中苦,方为人上人。"

于是就诞生了一种匪夷所思的现象:有些小孩所受的挫折,是父母故意安排的。如果小孩心里知道父母是爱他的,那它就算不上是苦,那是父母为了训练他,给他的成长教育。像很多接受高强度训练的体育生,他知道老师加班加点地训练自己,为了让自己有个好成绩,有这个前提在,他知道事情的真相,明白老师的苦心,也知道自己是有选择的,心里是抱着感激的。可是如果把这件事解读为虐待的话,那他就会受伤了。

但挫折教育应当是有限度和适时的，别打着"为你好"的名号惩罚孩子。它也许可以让你的孩子变得更坚强、更有力量，但孩子太小时，理解不了挫折教育背后的意图，强加给孩子，只会伤害亲子关系，而养育必须建立在"亲密"的基础之上。父母孩子之间一旦不再亲密了，那等待孩子的是什么？他确实有可能坚强、独立地去面对一切，但在这背后，他的难过、心酸、孤独、无助，是不敢跟父母讲的。

古人讲，至刚易折，柔能克刚。柔就是爱、温暖、支持、包容。刚是什么？勇敢坚强。并不是说勇敢坚强不好，而是没有柔打底的刚，是容易折的。道家所讲的"孤阴不长，独阳不生"正是这个道理。

同时拥有刚和柔两种能量的人，既不会去欺负、伤害一个人，同时也不会允许别人来欺负、伤害自己，除此之外，还有能量去爱这个世界。这样的人，才是我们的教育应该去培育的人。

人这辈子要吃的苦有很多，生，老，病，死，怨憎会，爱别离，求不得，五蕴炽盛，哪一样不苦？作为父母，还刻意给孩子增加苦难，我是不认同的，我觉得这是残忍的，他一定会有他自己要面对的苦。父母要做的不是给孩子苦上加苦，而是提供一个避难的港湾，孩子在外面吃了苦，还有个叫"家"的地方供他们疗伤和修养。让他们学会苦中作乐，学会自我疗愈，找到与挫折、苦难相处的智慧，才能不因苦难伤及生命的根基，而是带着伤痛继续成长、生活。

在爱和温柔中长大的孩子，他的底层是丰实的，对世界的解读更多是正向的。

在大街上被人瞟一眼，有人会解读为："你是不是看不上我啊？"对方说："瞅你咋地？"双方就打起来了。听说过这种笑话吧？内心脆弱的人，你瞟他一眼，他都会觉得你看不起他。可内心丰盈的人，你瞟他一眼，他会想：你都注意到我了，不如我们就交个朋友吧！

在爱和温柔中长大的孩子，生命底色是柔软、松弛的。

如果发生什么不愉快的事情,他也不会轻易责难自己,不会因为一点点风吹草动就崩溃。他可以从乌云的罅隙中看到阳光,在与人交往中发现他人的善意,在挫折中汲取向上的力量。

5

男孩女孩都要富养

关于孩子是该富养还是穷养的话题，教育界一直争论不休。有的人说，男孩子要穷养，以免他沉溺于物质享受，长大后四体不勤，丧失拼搏进取的精神；而女孩子要富养，以免她在物质上有匮乏感，长大后被人给点好处就骗走了。

我不同意这种说法，我认为不管男孩女孩都要富养。

有一个名词叫"配得感"，就是在心里觉得自己配不配得到这些。一个孩子如果小时候家里的物质非常匮乏，父母对他又很苛刻。长大后，他的配得感就会很低，没有能量跳出原生家庭穷困的旋涡。就算侥幸跳出来了，他的内心也始终住着一个穷孩子，会很小气、很苛刻、很吝啬，成为一个抠门的人，甚至是一毛不拔的"葛朗台"，做人做事斤斤计较、束手束脚，性格也比较自卑懦弱。

我们有些家长因为过去家里太穷了，现在好不容易手里有钱了，很担心孩子成为一个败家子，把自己辛辛苦苦攒下的家业给糟践光了，所以就在物质上刻意装穷，给孩子买东西专挑最便宜的下手，看到特价处理的衣服、鞋子，即便是不适合孩子的尺码也会勉强买下给孩子穿。其实大可不必这样做，不要人为地给孩子制造一个物质上很紧张的童年。

我主张父母要给孩子恰如其分的金钱。那么这个分寸该如何把握呢？

第一，要根据家庭的条件。超出家庭承受能力的零花钱，坚决不能给。那种"打肿脸充胖子"的做法，只会扭曲孩子的价值观，导致"穷人家养出富二代"。这两年，网络上关于"贫困学生贷款十几万打赏女主播""孩子高消费花光父母养老钱"的新闻报道层出不穷。这些都是父母不顾家庭条件，倾尽所有满足孩子物质需求导致的。

第二，要根据心里的感受。你在给孩子零花钱时是开心的吗？如果是开心的，说明这样做与你的价值观不冲突，就可以给。你给得开心，孩子花得也没有负担。如果是不开心的，说明你的价值观不允许你这样做，那你就明白地告诉孩子，你不愿满足他需求的原因。

我的女儿经常会给我发微信，说："爸爸，我今天要跟同学出去玩，你给点钱呗！"我会问女儿："今天准备去哪里玩呢？需要多少钱？"在她告诉我目的地和所需金额后，我会审视一下自己的内心，如果是开心的，那就转给她两三百元，女儿一般会给我回发一句"谢谢老板"，并附一个"亲"的表情图标。有时候女儿向我要钱，我也会感到不乐意，就直接告诉她："你这个月已经跟我要过两次了，这次我不想给了！"女儿一般就会算了，也不生气。通过这样的拒绝，她知道我的分寸、我的界限在哪里。

同时，不要以为只有女孩才要富养，男孩也是一样的。父母要尽可能调整自己的价值观，根据自己的能力、当下的经济状况，既不盲目攀比，也不故意苛刻，量力而行地给予孩子物质上的关心和照顾，让他手头相对宽裕一些。

富养绝对不等同于无限度地给予孩子物质上的支持，后者容易将孩子惯坏，甚至培养出拜金的孩子。现在很多父母会给完成了规定任务的孩子发小红花，一定量的小红花对应一定数额的金钱奖励。这种方式能够鼓励孩子通过自己的努力创造价值，帮孩子树立正确的金钱观，有计划地花钱，值得提倡。

实际上，无论穷养还是富养，关键是要适度、恰当，这与家庭条件有关，与家长的价值取向有关，其结果也最终体现在孩子的为人处世上。

6

比物质富养更重要的是精神富养

当然，富养不仅是在物质层面，还包括精神层面的。物质层面的富养前文已经具体讲述过了，父母量力而行地满足孩子在金钱、物质上的需求；而精神层面的富养，指的是通过帮助孩子获取丰富的知识、培养孩子的思维能力，以及给予更多的爱、支持和鼓励，来促进孩子的成长和发展。后者可以帮助孩子建立健康的心理状态，并且更好地适应社会的发展变化。这两个方面的养育都很重要，前者是基础，后者是根本。

帮助孩子获取丰富的知识，不仅仅是要孩子学好课本上的知识，更重要的是要给他们提供丰富的信息渠道。真正有用的知识，可以从生活的方方面面获得，不拘泥于获取的方式，它可以出自书本，也可能来自生活；它可能出现在博物馆，也可能藏匿在田野间。多体验不同的生活方式，多参与各式各样的家庭活动、集体活动，对拓宽孩子的知识面、开阔眼界是非常有帮助的。

培养孩子的思维能力，不在于孩子是否会解奥数题，而在于他是否拥有独立思考和开拓创新的能力。学校教育中要求孩子死记硬背的内容，只能帮助孩子应对考试。而独立思考是一种批判性思维，这种思维能力是从不断的体验和反思中得来的，能够帮助孩子塑造一个不盲从、不屈从权威的"自我"。进而，在有丰富的知识和见识的基础上，能够开拓创新。

给予孩子更多的爱、支持和鼓励。一个精神富足的人，必定有着满满的安全感和归属感。安全感源于信任，而建立信任的第一个环境就是家庭。父母的关爱、理解和支持，能让孩子感受到世界的美好，因而也会友好地对待他人。当孩子遇到挫折后，用爱去鼓励孩子，这种宽容的教养方式，往往会让孩子更加自尊、自信、自爱。在我们的教育体制下，很多孩子都是在打击中长大的，因为很多家长都推崇挫折教育。那些被过度打压、经常被否定的孩子，会觉得自己没有价值，缺乏安全感和信心。

来自父母的爱是精神富养中最为核心的部分，一个幸福有爱的成长环境对孩子来说是极为重要和珍贵的。

以女孩子为例，现在社会上，一些男人哄骗女孩的手段有两种：第一种是在物质上下狠手，往一个女孩子身上拼命砸钱，对于那些物质匮乏感强的女孩，这样做往往很快就能俘获她的芳心；第二种是在感情上下手，瞅准那些缺爱尤其是缺少父爱的女孩，从情感上给予足够的滋润，成天嘘寒问暖、关怀备至，很容易就把她的心给骗走了。

为什么很多女孩子看到比自己年龄大的男人容易动心？就是因为她内心缺乏父爱呀！如果我们从小对孩子在物质和精神上都进行富养，她每天的生活都很甜蜜，长大后，那些外来的糖衣炮弹对她还有用吗？

一个在物质上不匮乏，同时在精神上富足的孩子，会在成长过程中发展出良好的价值观、丰盈的内心世界。在将来的生活中,无论他们从事什么工作、遇到什么挫折,都能够自信从容地面对。

7

学校里不教的课,请给孩子补上

德育、美育在孩子幼年、少年期是非常重要的,重要程度甚至超过学习知识。但现在许多学校只强调学习、成绩,把音乐课、体育课、美术课通通砍掉了,学生就像一辆只加汽油、不加润滑油的汽车,还被迫油门踩到底,不断高速前进。

我孩子回家和我说,现在学校里的音乐、体育、美术老师最惬意,经常不用上课,也没有考核,文化课的老师还都欠他们人情。我听了之后,感到很可笑,但更多的是无奈。学校里的制度,我们可能没有能力去改变,但并不意味着我们就无能为力了,至少孩子回到家后,我们可以主动给他加些润滑油吧？带孩子去唱唱歌、爬爬山、打打球、看看电影，做一些"无为"的事情。道家的无为是指：清净虚无，顺应自然，不抱强烈的企图心。休息、放松就是一种无为。无为的目的是更好地有为，一个人没有放松，一直紧张地学习，迟早会被累垮。

我曾说过：人是唯一不会主动释放紧张情绪的动物。如果我们父母能帮助孩子把紧张释放掉，孩子就会得到莫大的滋养，他的学习成绩不会往下降，只会往上升。

很多家长看到男女同学一起聚会，就担心他们会早恋，尤其是女生的家长，生怕自己的孩子吃亏，监控得很严密。可是我想告诉你，你监控得越严，她逃的心就越强，这是青春期孩子的共同特征。所以不如大胆地允许，只要提前打好"预防针"，就不会发生什么大的问题。

我女儿十六岁的时候，我就问她有没有男朋友，她说没有，但是有几个玩得很好的男生。他们一起出去玩，我就亲自开车送他们去。他们想在家里聚会，我和她妈妈就回避。对孩子来说，这都是很合理的需求啊！当然，我也会在恰当的时间对孩子进行性教育。

对青春期的孩子来说，性教育非常重要。性行为本身并不可怕，愚昧的性行为才可怕！每个孩子到了青春期都会有性的冲动，这是天生的本能，不要以为你强加干预，孩子就没有性冲动了，防是防不住的，也没有必要去防。它是一股极具创造性，同时破坏性强大的能量，关键是怎么引导。男孩子的这股能量被压制了，他就可能出现破坏性的行为；女孩子的这股能量被压制了，她会千方百计地满足自己的好奇心，去尝试性行为。

女孩的性教育交给妈妈，男孩的性教育交给爸爸。父母们要向孩子分享，自己在青春期曾经历过的事情，曾有过的困扰，最后又是如何解决的。这些经验对孩子有很大的帮助。同时，不能绕过安全性行为的教育，给孩子讲清楚"ABC"三原则，A代表性禁欲（Abstinence）、B代表单一性伴侣（be faithful）、C代表正确使用避孕套（use a condom），以及什么样的性行为既不伤害自己，也不伤害他人。

这些课题一定要与孩子探讨，否则孩子可能会带着紧张和羞愧，既感到刺激又感到害怕，偷偷摸摸地去尝试。在这种状态下，什么傻事都可能干出来。所以，性教育是一个不能回避的大课题，一定要未雨绸缪。

8

如何养育高情商的孩子

高情商，毫无疑问是孩子未来走向社会的核心能力。现在有很多课程、书籍，在向家长传授如何培养一个高情商的孩子。但遗憾的是，很多家长都走偏了。

一个情商很高的人，是一个以委屈自己为代价去迎合别人的人，还是一个不表达悲伤或愤怒，把情绪隐藏得很深的人呢？很多人都会把这样的人理解为情商很高，但我觉得不是。其实这更多说的是一种惯于讨好他人，或城府很深的人。

那什么是高情商的表现？孔子早在两千多年前就回答了

我们。

有人问孔子："以德报怨，如何？"意思是：用恩德来回报怨恨，怎么样？我本来对这个人是有怨的，但是我反而对他更好。这是情商高的表现吗？孔子反问："何以报德？"假设一个人对你很不好，你却隐藏了你的失望、难过，只是一味地对他好，把好的心情、好的行为都回报给了对你不好的人，那请问，你用什么来回报恩德呢？你把能量都消耗在这样的人身上了，没有去表达真实的自己，你拿什么去回报那些对你有恩德的人呢？

所以孔子接着回答："以直报怨，以德报德。""以德报德"好理解，你给我一滴水，我回报你一涌泉。那何以报怨呢？以直报怨。什么叫"直"呢？

就是当你做了让我不舒服、不愉悦的事情后，我要告诉你我的真实感受，以及带给我的影响。不是批判、指责、谩骂，这不叫"直"，而是"肆"。老子说的"直而不肆"，也是这个道理。

会讨好、一味包容的人并不值得称颂。别人做了让你不舒服的事，能不带评判地把自己的感受传达给对方，同时能够同理、接纳别人的情绪，这才是高情商。

同样，老子也在《道德经》里，向我们传授了高情商的真正含义："是以圣人方而不割，廉而不刿，直而不肆，光而不耀。"

方而不割，说的是你为人可以非常方正、正直，但是不能到处是棱角，拿自己的价值观去打压别人的价值观，认为自己所有的观念都是对的，从而伤害身边的人。

廉而不刿，"廉"是廉洁的意思，"刿"是指刺伤。这句话的意思是你可以严于律己，但是也要宽以待人，不能拿要求自己的标准去要求身边所有的人。

直而不肆，前文已经说过，你要真实地表达自己的情感和感受，但是最好不要轻易批判、辱骂、贬损一个人。

最后是光而不耀，即光亮而不刺眼。人在顺境，即在光彩、得意之时，在有权、有钱、有名之时，既不要过度地炫耀自己，也不要以强光照耀他人，要以平常心低调做人。

当然，能做到这四点的人，基本上称得上圣人了。不过从圣贤口中，我们也能得到这样一个基本认知：高情商并不是压抑自己，去讨好别人，更不是夸夸其谈地左右逢源，而是在真实做自己的前提下，去同理别人、感染别人，这才是真正的高情商。

9

面向未来的孩子，都拥有这三种能力

我们很多的家长，被焦虑的大环境所裹挟着，拼了命地给孩子报各种辅导班，只为了提升一点点的分数。这种疯狂，导致很多孩子成了考试机器，久而久之，父母和孩子都沉浸在这样的幻想之中：只要成绩好，其他的都不重要。

直到有一天，孩子病了。身体健康出现了问题、心理出现了问题、躺平了、抑郁了，家长才开始反思，是不是教养孩子的方向出错了。

在此，我呼吁各位家长，趁早回归培养孩子能力的起点。按照以下三个方面去引导孩子，他才有可能成长为一个身心健全的、自足的、具备竞争力和自我修复力的人，才能在未来社会抵御各种风险，拥抱变化。

首先，是爱自己的能力。它包括爱惜自己的身体，尊重自己的感受。正确面对自己的情绪，不要持续地压抑自己；不让自己整天胡思乱想，有控制自己思绪的能力；尊重自己的需求，敏锐地洞察自己需要的是什么，在不伤人、不伤己的情况下去满足它。

让孩子拥有爱自己的能力的前提是，父母无条件的爱和支持。

很多父母会不知不觉地因为孩子做了什么而肯定他，而爱他，因为孩子取得了什么成绩，拥有了什么财富、地位、名声而肯定他，而爱他。但是父母很少告诉孩子："**你的存在，就是最大的价值。我爱你不是因为你的成就、你的成功，我爱你是因为你的存在本身。**"

这句话很有力，记得多跟你的孩子讲。人生无常，孩子在他未来前行的路上，可能会遇到各种各样的挫败，但是他绝不会因为挫败而否定自己，他的心力会非常强大。而可以让他拥有这么强大心力的，就是父母无条件的爱与支持。

当我第一次听到我的老师跟我讲这句话的时候，有一股巨大的暖流在我的心中流动。如果爸爸妈妈在孩子还小的时候，哪怕跟他讲过一次类似的话，那这个孩子的自我价值感都是不一样的。

其次，是创造物质条件的能力。培养孩子掌握一门技能、技巧，让他可以体面地活在这个社会中，在物质上不至于匮乏，不为吃饱饭而四处奔波。这也是孩子获得自我价值感的重要来源。

最后，就是基本的生活技能。有些家长为了让孩子把精力都放在学业上，包办了孩子的生活。这让很多孩子成年后，脱离了父母，便没有独立生活的能力。像做饭啊，洗碗啊，洗衣服啊，打扫卫生啊，掌握一些必要的生活技能，看起来微不足道，却对每个人的生存至关重要。

在我女儿和儿子小的时候，我都会鼓励他们进厨房，至于做得好不好吃暂且不说。女儿去了美国以后，天天吃汉堡，她有点受不了，所以每个礼拜都能自己下厨做两顿饭吃，这就是能照料好自己生活的体现。

我们现在每年都会举办夏令营，父母们把孩子送来体验新的生活。在夏令营里，我们鼓励孩子学习生火。虽然在现在的生活中不太需要生火，但万一有什么特殊的情况发生，需要生火，而你不会，那不是很糟糕吗？所以基本生活技能的培养很重要，是一个人生存的基础。

有生活技能的孩子，就算未来在事业上没有取得什么大的成就，至少也能把自己的生活安顿好。而且有基础的技能，不慌，不乱，总有力气和契机打开新的局面。

有意地培养孩子上述三种能力，孩子的内核就会越来越稳定，心里的动力就会越来越足。

10

气质无法改变,但性格可以塑造

很多家长都向我咨询过类似问题:"旷老师,我的儿子活泼好动,我想让他沉稳文静一点,怎样才能改变他的性格呢?""我的女儿性格内向,怎样才能让她变得热情开朗呢?"这些家长都把心理学上的性格与气质搞混淆了,他们说的"活泼好动、沉稳文静、抑郁内向、热情开朗"都不是性格,而属于气质的范畴。气质是一个人典型和稳定的心理活动的动力特征,是先天性的,主要包括四种类型:

第一种是胆汁型,表现为精神旺盛,反应迅速,情感体验强烈,情绪发生快,但平息也快;智力活动灵敏有力,但理解问题容易粗枝大叶；意志力坚强，不怕挫折，勇敢果断，但容易莽撞冲动，难以抑制。

第二种是多血型，情感和情绪发生迅速，表露于外，极易变化，灵活而敏捷；活泼好动，但往往不求甚解；工作适应能力强，讨人喜欢，交际广泛，容易适应新环境，容易接受新事物；兴趣广泛，但容易见异思迁，注意力不易集中，缺乏意志力。

第三种是黏液型，情绪比较稳定，不容易兴奋，变化缓慢，内向、喜欢沉思；思维和言行稳定而迟缓，冷静而踏实，不易冲动，自控力和持久性强；办事谨慎细致，但不容易适应新工作和新环境；行为坚忍执着，但感情比较淡漠。

第四种是抑郁型，情绪体验深刻持久，对刺激敏感，但不易外露；能体察到一般人所觉察不到的细微小事，反应缓慢、行动迟钝；多愁善感，易于消沉，遇到困难或挫折时易畏缩，缺乏果断性，但对力所能及且枯燥乏味的工作能够忍耐；交往面较窄，常常比较孤独。

气质并无好坏之分，而且可塑性极小，几乎很难改变。

如果一个人能够根据自己的气质特征,找准合适的工作岗位,就能扬长避短、趋利避害,发挥自己的优势,实现人生的价值。比如,有些人可能不喜欢抑郁型的气质,可是世界上许多著名的作家、演员、艺术家、设计师都是典型的抑郁型气质,因为他们天生具备观察细微、感觉敏锐、体验深刻的优势,比常人更容易获得创作的灵感。

所以,各位家长,如果你们还想改变自己孩子的气质,要趁早打消这个念头,因为你们根本就是在做无用功。不如换个角度看待问题,带着欣赏的眼光,相信"天生我材必有用",支持帮助孩子找到适合他自己的人生舞台。

那么性格又是什么呢?性格是指一个人的稳定态度和习惯化的行为方式。性格是后天形成的,受到社会生活条件的影响和制约,带有明显的社会道德含义,因而性格具有优劣之分。好的性格主要包括:正直、诚信、勇敢、勤奋、友善、敬业、乐观、自信、严谨、耐心、细致……不好的性格主要包括:狡猾、虚伪、怯懦、懒惰、凶狠、懈怠、悲观、鲁莽、急躁、粗疏……

性格的可塑性比较大，所以，如果父母想要调整孩子的性格，是相对比较简单的，主要有以下两条途径：

第一条途径是，透过父母的改变，支持和帮助孩子作出调整。当父母越来越有能力倾听孩子的心声，越来越有能力同理孩子的感受，不再以指责、批评、贴标签的方式对待孩子，让孩子感受到父母的温柔，触发其内心的某些坚冰融化以后，他的性格自然就会发生相应的改变。

第二条途径是，鼓励孩子多参加一些有品质的心理学类的课程、夏令营、冬令营，等他成年以后，还可以学习一些个人成长类的修炼课程，家长也可以参加。这些课程能够帮助孩子探索自己的人生，疗愈心理的创伤，从而激发生命的潜能，提高生命的品质。

我本人就受益匪浅。我于1998年创立自己的公司，曾经有过许多的投资，先后开过厂、办过企业，赚过钱，也亏过钱。现在回头看来，我一生中最成功的投资，是我从2002年开始，不断学习如何做一个好爸爸、好丈夫、好老板、更好的自己。我先后参加了多种身心成长方面的修炼课程，10 年间，大约花了 200 多万元。那个年代的 200 多万元，大概可以在广东顺德买四栋别墅。所以，后来我的朋友调侃我说："你要不去上那些课程，把节省下来的钱用于做生意，你现在该有多少钱啊！"我也笑着对他说："我现在也有钱啊。"

人生在世，钱财只是身外之物，生不带来，死不带去。我们的身体健康、情绪流畅、关系和谐、家庭幸福，这些才是最重要、最核心的东西，就好像是一个轮子的中轴，失去了这个中轴，外面的东西再好，也无法正常转起来。

各位父母，你们正在读的这本书，就是教你们如何修炼强化"中轴"的，我可以非常负责任地告诉大家，修炼自己的内心，这条路值得深入持续地走下去，它会给你们带来难以想象的价值。

11

教育的目的，是让孩子活出自己

现在的父母，总是力求给孩子提供好的物质条件、培养他的社会能力，但很少去引导孩子关注自己的内心，追随自己内在的感受。

我听过一个跟教育有关的故事，内心很受触动。有一头失去父母的小狮子，从小在羊群里长大。它学会了羊叫，学会了吃草，学会了躲避猛兽，慢慢地它就以为自己是一头羊了。结果有一天，有一头狮子来追它们，小狮子被那头老狮子逮住了。老狮子自然不会吃同类，但是小狮子以为自己是羊，在老狮子爪子下咩咩叫。它非常恐惧，害怕自己被吃掉。

老狮子把它带到一个湖边，当小狮子在镜子一般的湖面上看见自己的真实面目时，狮吼响彻了整个山谷。小狮子在那个刹那间认出了自己，当它知道自己是什么以后，它就不再恐惧了。

教育的本质其实就这么回事，让孩子认识自己。

我们很多人一辈子碌碌无为，汲汲营营，就是因为我们不知道自己到底是谁，总以为自身一部分就代表全部的我。很多孩子从小也如此认为："学生"的角色就等于全部的自我；"听话的孩子"这个角色就等于全部的自我。

现在的很多教育把孩子所有的价值感都建立在孩子的角色、责任、能力、成绩上，想要把所有的人都整齐划一地训练出来，把所有小草、小花都养育成参天大树，而事实上这些都不是孩子本来的模样。让孩子发现他内在的宝贵，是这一切都替代不了的，他这辈子就不会因为外在的变化而彻底否定自己。

太多父母基于恐惧做所有的决定，基于恐惧送孩子去上兴趣班，基于恐惧挤破脑袋送孩子进名校，基于恐惧送孩子去留学。我知道很多父母处在这种困局里，不跟随主流，害怕孩子将来无法谋生；跟随主流，你看现在这么多孩子压力太大，活得不开心。实际上，当我们思维受限时，做任何的决定都是有问题的；而当我们的思想解放开来，基于爱去做决定，而不是基于恐惧，相信孩子本身的能力和力量，其实任何问题都有解。

种下恐惧的种子，怎么可能结出爱和快乐的果实呢？

做自己的主流，打破生命里原有的桎梏，打破原生家庭带给我们的生命剧本，真正地掌控自己的人生，活出不一样的人生和未来，带给孩子不一样的生命体验，这是我们每个父母很重要的责任。

父母带着这份责任的同时，也不要给自己太大的压力，因为当你给自己太大压力的时候，孩子也感受得到，这就会变成孩子自身的压力。用你的爱去滋养孩子，不要试图去帮助孩子解决所有的问题，除非他向你求助，换句话说，我们也解决不了孩子的所有问题。

每个人对成就的定义是不同的，教育的最终目的不是将每个孩子都培养成企业家、科学家、领导者,而是尽可能地让每一个孩子拥有独立的人格、自由的思想、丰富的情感。我认为一旦拥有了这些,即便是一棵小草,也能在自己的领域内散发绿意和蓬勃的生机。

附录 1

让亲子关系变好的 28 个锦囊

- 与孩子一起制定零花钱制度,让孩子学习掌控金钱,让孩子去体验。
- 可以不满足需求,但请接纳孩子的情绪。
- 同理心、觉知力、耐心是打开孩子心门的钥匙。
- 交流绝非说服,亦非说教,交流是双向的、坦诚的、平等的。
- 交流的基础:学会聆听。
- 要表达情绪而不是在情绪中表达。
- 多问发生了什么,少问为什么。
- 发掘天赋,从尊重孩子的兴趣开始。

- 自卑的人需要更多的支持与接纳，需要更多的聆听而非说教，用柔弱的方式靠近他，柔弱胜刚强。
- 帮孩子明确自己的目标，协助孩子达成目标。
- 要想接纳孩子的恐惧，父母需要先接纳自己的恐惧。
- 所有的接纳与不接纳要以你的感受为准，重视自己的感受才是接纳之道。
- 父母虚假的接纳，导致孩子接收到的是双重信息，会让孩子觉得不知所措。
- 敏锐的同理心是每位家长和老师应该具备的。同理孩子的情绪，同理孩子的愤怒、无助、不知所措、悲伤、害怕，让孩子感觉到被爱、被看见。
- 会驾驭 AI 的孩子才会有未来。驾驭 AI 能力的背后是思考力、判断力、提出问题的能力、感知情绪的能力。
- 父母的无力感不是因为孩子，而是你本身就无力。
- 不要过多地关心，而是要创造开心，关心过多就真的把心关了，所以关心则乱。
- 家长不被主流裹挟，孩子才会获得身心健康。

- 孩子自信的第一步：父母给孩子无条件的爱。
- 真正的教育是教育孩子如何养护自己的身心，如何与他人建立良好的联结，如何培养同理心。
- 家庭需要分享的氛围，而不是教导。
- 父母跟孩子之间只要无话不说，无论父母的经济能力如何、文化程度如何，亲子关系都会很好。
- 父母脾气暴躁，要么孩子的生命力和价值感会被压抑到极低，要么孩子会复制曾经深受其害的父母的情绪模式。
- 只知道关注孩子的行为，关注孩子有没有做错事，而没有心与心的连接，即便你爱孩子，孩子也是感受不到的。
- 孩子为什么沉迷游戏？因为父母不够好玩。
- 孩子能量向外的时候，就不容易伤害自己。
- 孩子过早地成熟，就长不成他本来该有的样子。
- 标准是父母的标准，用这个标准来要求孩子，表面是控制，深层是恐惧。

附录 2
父母自我成长的 28 个锦囊

- 种下匮乏的种子就不可能收获丰富，不要给孩子种下匮乏的种子。
- 停留在自己的经验世界里教育孩子就是一种灾难。
- 探索原生家庭，不是斥责父母，而是探索经历，让自己的内在孩童成长。
- 亲子关系的根在两性关系上，两性关系的根在自我成长上。
- 父母自己活出生命的精彩，才能更好地去引领孩子。
- 合格的父母要有觉知，觉知是一种能力，需要靠训练获得。

- 要想跟父母和解，需要先跟内在的父母和解。
- 接纳孩子的情绪，需要先打开自己的接纳空间。
- 不要试图改变任何人，而是要去影响。改变是暴力的，影响则不是。
- 一个人只有学会接纳自己，才会真正接纳孩子。
- 父母的学习要走在孩子成长的前面，父母的品质发生了变化，孩子自然就会改变。
- 爱自己重要的一部分是允许自己的情感释放。
- 人生是丰富的过程，不是改变的过程。
- 成长有两条腿：觉察与冒险。
- 不再执着于自己的观点，观点就是观察到一点点。
- 敞开五感觉察外界，闭上眼睛觉察内界。
- 没有悲伤的告别，就没有喜悦的创造；穿越悲伤找到喜悦，穿越恐惧找到勇气。
- 不怕念起，只怕觉迟，唯觉可破，带着觉知去活着，当知当觉。
- 情绪本身没有问题，情绪打结才有问题。

- 情绪的结：压抑的愤怒、委屈、恐惧、无助、害怕、冷漠、纠结等。
- 存在本身就是价值，有条件的爱是无法让价值感一直存在的。
- 发生任何事情都要清楚地知道"我还在"，事情的成功或失败在于事情本身。
- 觉察的最终目的是转识成智。
- 实修三大入口：身体、情绪、念头止息。
- 未完成事件让我们活在过去，无法真正活在当下，享受当下。如果无法从根源上终结曾经的"未完成事件"，这些内驱力将会一再翻腾、挣扎、轮回。真正去面对我们内心曾经的未完成，就可以终结不断轮回的内在能量。
- 能量越流畅的人越可以把事情做好。情绪只要流动起来，就会变成生命的动力和营养。
- 第一个卡点就是情绪，和自己无法共鸣的话，和其他人更无法共鸣。

- 怎么才能爱自己？非常简单，成为自己内在孩童的父母，重新养育他一遍。

后记

你是靠得住的父母吗

我想讲两个故事,作为本书的收尾。

我第一次参加许宜铭老师的课时,在课堂上,我们进行了一个简单的游戏。20个人,10个人扮演孩子,10个人扮演父母。"孩子们"坐在地毯上,抬头看着站在面前的"父母"。这样的安排是为了模拟人在孩童时期的视角——他们坐着,大人站着,体现出身高上的差异。

游戏分为四个环节。第一个环节是"父母"面无表情地站着,"孩子们"抬头看父母,我当时扮演的是父母。许老师问"孩子们"有什么感受,大家的回答基本上是恐惧、害怕、想要逃离。这表明即便仅仅是身高上的差异，也足以引起人的恐惧心理，因为这是动物的本能，就像小动物天生害怕体形更大的动物一样。

第二个环节是"父母"双手握拳放在腰间，表现出怒意，"孩子们"再次抬头看父母。老师询问"孩子们"的感受。回答是恐惧，而且比之前更强烈。

第三个环节是"父母"用粗暴的语言斥责"孩子"，比如"你怎么这么笨？""我不要你了！""给我滚！"等等。我们扮演父母的人一边指一边骂。当我面前的"孩子"开始哭泣时，我也忍不住哭了。那一刻，我眼前浮现出小时候父亲打我的情景。

我曾经压抑的愤怒、无助、害怕、悲伤和委屈，在那一刻全部涌上心头。同时，我脑海中也出现了我儿子曾经无助的眼神，他那难过、害怕和无助的表情。我父亲曾经无数次地打我，而在我儿子成长的过程中，我也曾无数次用同样的方式对待他。那一刻，两个场景重叠，我开始哭泣，感到非常难过和内疚。我怎么会用我最不喜欢的方式来对待我的孩子呢？

第四个环节是"父母"拉着"孩子"的手，坐下来与孩子平视，说一些想说的话。我当时说得最多的是"对不起，爸爸错了"。同时，我也在想，如果我的父亲在他还活着的时候能这样向我道歉，我的人生会不会有所不同。在那一刻，我发誓从此再也不会对我的孩子动手，再也不会用粗暴的语言对待他。

那次游戏的经历，让我深刻地体会到了埋藏在自己内心、被封锁起来的各种情绪，所以我才有能力去同理我的孩子。如果没有这样的学习和体验，我永远无法理解我的孩子在被我骂、被我打时的内心感受——他当时该有多么无助和害怕。从那以后，我变得有意识地去靠近我的孩子，与他温柔地接触，亲密地表达，分享彼此的人生。

过了一段时间，原本一看到我就害怕、逃跑的儿子，开始慢慢愿意再次依偎在我的怀里，跟我分享他在学校发生的事情。他在我面前不再只是表现出我喜欢的样子，而是敢于展现他的各种状态，愿意与我分享他内心的各种感受，于是我们的关系一天比一天好。

所以，各位为人父母者，如果我们不愿意通过行动去探索自己的内在，做出一些实质性的改变，只是偶尔看几个短视频或者刷几场直播，借此了解一些育儿的观念，我们就永远无法走进孩子的心里，与孩子建立真正的亲密关系，更不用说在孩子出现身心方面的问题时去帮助他了。

第二件事发生在 2012 年，那年我儿子 17 岁，独自在北京求学。有一天，我接到妻子递来的电话，电话那头传来儿子的哭泣声，我急忙询问发生了什么事，儿子哽咽着告诉我，他失恋了。这是他第一次投入真感情的恋爱，但对方却说喜欢上了别人，不再爱他。我耐心地听他讲述这段经历，内心涌起两种复杂的情感。

首先，我感到心疼。儿子正在经历他生命中的一次重大打击，虽然这是他成长过程中必须面对的，但在这个时刻，他无疑是痛苦的，我深深地同情他。

其次，我感到欣慰。一个 17 岁的男孩还愿意在我面前展示他生命中最深的痛苦，而不是独自承受。他问我他是否可以回家，我立刻答应，给他买了机票。他一回来，我就紧紧地拥抱了他，心疼他憔悴的样子。他告诉我，因为失恋，他已经几天没睡好觉了，他太爱那个女孩了。

接下来的几天，我每天都陪着他，听他讲述对这段感情的投入和心碎的感受。其间，他还提起过一段幼年往事。儿子10个月大时，我和妻子为了养家去深圳打工，把他留给了奶奶照顾。他说，当那个女孩说不再爱他时，忽然唤起了他在生命早期被"抛弃"的感受，尽管那时的他尚在襁褓，但身体和潜意识记住了那种感觉，被至爱之人丢下的感觉。

儿子受伤归家的那个星期，我们夫妇两人为他做好吃的、倾听他的心声，从身体到心理，从饮食到作息，我们全方位地陪伴、支持着他。一周后，他告诉我他想回北京了，我问他是否确定，他坚定地说他能面对这件事，知道该怎么做了。那个时刻我感到特别高兴，因为我确信我十多年对身心的探索之路没有走错，我的孩子还能在我面前展示他最脆弱、最绝望的一面，我依然是他在受伤害时第一个能够挺他的人。同时，我也非常清楚，在儿子未来的人生中，如果再次遇到类似的事情，他也一定会积极求助。

作为父母，我们不仅要欣赏孩子的快乐、成功、坚强和勇敢，更要接纳孩子的悲伤、愤怒、无助、害怕和恐惧，以及生命中的各种失败。只有这样，孩子才不会只在你面前展示你想看到的东西，也不会在生命中最艰难的时刻独自承担痛苦和压力，直到演变成严重的身心问题。学会全然接纳孩子的所有面向，而不是只接纳好的面向，这样的父母才是真正合格的父母。

究其根本，我们为人父母，能够朝向觉醒、活出自己，就是给孩子这辈子最好的养分。人生只有一件事：活出自己。不停地在自己身上下功夫，搞清楚自己生命的真相，在这个过程中拥有更多智慧。父母做好这样的榜样，又何惧孩子活不好呢？